KB260958

낮은 데를 채우고야
흐르는 물은

신경득 담설시집

낮은 데를 채우고야
흐르는 물은

살림터

1. 천마를 타고 날아가고 싶구나

3. 세상을 살아가는 몇 마디 말

1
천마를 타고
날아가고 싶구나

두부

큰형수님께서 보내셨구나
햇콩으로 빚은
두부 다섯 모

한 점 간장에 찍어드니
고향집 부엌
칼도마질 소리 들리네

보리새

굽어 조선낫처럼 굽어
보리 베는 할매 허리
밭고랑 닿았다

뺄구디 같은 보리까락은
보리단 묶는 손주 모가지를 할퀴는데
보리문디 같은 휘파람새는
쉬어 하라고 쉬어 하라고 운다

"할매, 저그 무슨 새고?"
"아재 아재 보리 베오 새라 안카나."

보은 논배미

보은 사람들은 논두렁을
높지도 낮지도 않게
그렇게 쌓는다

홍수가 나면 논두렁이 터져
벼를 휩쓸지 않도록
건수를 받아들인다

홍수가 지나면 쓸모없는
건수는 흘려보내고 거름진
양수만 모아 풍년을 기약한다

보은 사람들은 취할 것은 취하고
버릴 것은 버리면서
모자라지도 처지지도 않게 산다

샘

밤하늘 은하수 쏟아져
찰찰찰 맑은 물 넘치는
푸른 샘은 어디 있을까

자작나무 숲을 따라
눈 녹은 산도랑에 산동백꽃 띄워가는
푸른 샘은 어디 있을까

하늘땅 맞닿아 이슬 내리는
자박자박 산골 색시 물긷는
푸른 샘은 어디 있을까

아 누가 마시라 하였느냐
구비구비 서린 깊은 밤 꿈을
푸른 샘은 어디 있을까

산짐승도 목을 축이고 돌아가
가는 길 잃어버려 홀로
바위 틈서리로 흐르는 박샘은 어디 있을까

안개처럼 흐린 머리
새벽처럼 맑게 깨워줄
그런 샘은 어디 있을까

쇠북

북이여
쇠북이여
울어라 붉은 살점
파르르 떨며 울어라
울어새는 중음신을 위하여
산야를 헤매는 두억시니를 위하여

문전상답
상일하던 황소여
피도 살도 뼈도 모두 발라가고
질긴 노동과 솟구치는 성욕만
한 장 가죽으로 남았구나
소나무통에 북을 메워 울어라

산에는요
철쭉 피고요
아시 간 논에서 황소는 부르르
번지 멘 써레질하네 갈기 떨며
부르르 떨며 울어라 붉은 철쭉이여
밟고 온 황토 붉은 선혈처럼

좋은 일이다
참으로 좋은 일이다
평생을 노동으로 지새운 황소 가죽만
민중을 울리고 광야를 울리고
길가락으로 울리고 대취타로 울린다는 것은
덩더쿵 덩덕 덩덕 덩더쿵 울어라

왜 좋은 일이 없었겠느냐
상씨름판에서 장원을 한 장정을 태우고
징은 울린다 태평소 드높다
마을 청년들은 뒤를 따르고
난장을 지나 쇠전 말뚝을 돌 때
첫 경험의 암소가 울고 있었다 말뚝에 매여

잘 벗긴 미스 코리아를 조리하듯
나이프와 포크를 든 신사 숙녀들은
송아지 고기와 안심 등심을 갈라놓고
진선미 등수를 매기는구나
시청자들은 질질 느침을 흘리고
에라 가증한 세상 덩덕 덩더쿵

그러나 쇠북이여
우리는 한 장 황소 가죽이다 쇠북이다
곰니미 벌목장에서 우죽을 싣다가
벌벌 떠는 주인을 배에 끼고
집채만한 대호를 두 뿔로 받아넘긴 적도 있었지만
그래 우리는 쇠북 둥둥 울어라

천마

날아가고 싶구나
천마를 타고
나래 서로 부딪쳐 네 굽을
모아 달리는 구름밭 위로
지나간 왕국을 찾아서

여기
백두산 천지에서 흐르는 물
서으로 압록강
동으로 두만강
북으로 송화강

추몽성왕께웁서
아류수를 건너실 제
거북과 물고기들이 등을 대어 서로
갈대를 엮어 다리를 놓았느니라
거룩한 삼신의 땅

달리는구나
가죽옷 입은 고구려 전사들아

요하 서요하를 지나 내외 몽고를 짓밟는구나
환인 천제께옵서 내리신 천마검 아래
환인 천제께옵서 내리신 천부인 아래

달리는구나
송화강 흑룡강까지
비려를 짓밟고 돌아오는 길
연해주에서 호랑이 사냥
빛나는 광개토대제

군기는
하아류수를 건넜다
왜구와 야합한 백제를 진멸하라
신라를 침략한 왜구를 동해에 수장하라
광개토대제 비문을 더듬어 읽으며

여보게 게 가는 젊은이
호랑이 곰가죽 사향 웅담 싣고 가는
그대는 대제의 군병이었던가
비룡촌 사는 그대의 아사녀와

노부모를 찾아가는 군병이던가

광개토대제께옵서는
지금 어디뫼 계시던가
천공에 북두칠성 띄워놓고
주작 현무 청룡 백호 거느리시고
상천 호국신으로 계시던가

날아가고 싶구나
천마를 타고
안개 흐르는 고구려 옛땅
광개토대제 영전에 호곡하고 싶구나
지나간 왕국을 찾아서

천기

공기와 물이 서로 화합하여
상생하는 중화를 이루면
모든 사람에게 필요한
자양을 얻게 된다

물과 공기가 중화할 때
상호작용을 일으키는 것은
햇빛이요
중화된 물 공기 햇빛을
다시 중화하여
천기를 만드는 것은 땅이다
사람은 천기를 얻어야만
비로소 생명을 얻을 수 있다

만약에 사람들이 어리석어
물과 공기를 더럽히고
땅에 독을 뿌리면
그 땅에는
약초 아닌 독초가 자라게 되나니
사람들이 독초를 먹고

어찌 생명을 부지하겠는가

어리석도다 사람들아
감히 천기를 거역하면서
입으로 문화와 문명을 말하니
그대들이 바로 독초가 아닌가
어리석구나 사람들아
독이 묻은 그대들 입으로
모든 중생을 죽이는구나
소비를 줄이고 국력을 줄이고
불붙는 허영을 줄이지 못하고
천기를 배신한 채 결국
스스로 죽고 마는구나
사람들아

말목

정축년 세모인 것도 같고
무인년 원단인 것도 같다
내 검은 바위산 아래서
맑은 물에 발을 씻는
백범 심산 단재 세 분을 만났다
단재는 대로하여 큰소리로
나를 꾸짖었다

항차 한 나라의 먹물로서
나라의 국록을 먹는 자가
나라가 망했는데도
어찌 독립운동을 하지 않는단 말이냐
네 죄가 참으로 크도다
청문회 좋아 말라
개구멍이 너무 넓다
정치개혁 좋아 말라
중이 제 머리 깎는 법 보았느냐
재벌개혁 좋아 말라
능구렁이 담 넘어간다
인사만사가 인사망사로구나

국시만 먹는다더니
왜 나라가 망했느냐
떡고물만 좋아하는 정치인이란 것들
보기만 해도 피가 거꾸로 흐르고
듣기만 해도 구역질 난다
아직도 망국재벌은
달러와 금괴만 쟁이느냐
작두는 왜 있느냐
하와이로 괌으로 휴가가고
호주에 가서 골프치고
라스베가스에 가서 노름하고
너희가 마신 술잔에
국민의 고혈이 담겨 있도다
막중한 국사를 직무유기한
청와대 경제수석 및 각 관공리
재경원 장관 및 각 관공리
한은 총재 및 각 관공리
떡고물 먹은 정치인
재벌 및 족벌
너희가 바로 정축 5적이니

국가 보안법상 국가 반란죄로 다스려야 한다
정리 해고된 노동자들이
버스도 못 타고 걸어다니고
세 끼를 두 끼로 줄여
도시락으로 연명하는 고통과
강박 노이로제로 밤잠을 설치는
명태 황태의 절망을 너희는 아는가
그럼에도 너희만 살겠다고 앙탈이냐
어찌 내 말이 과하단 말이냐
그러면 좋다
내 저들이 죽으면 영혼을 추스려
소금가마에 꽉꽉 묶어
땅에 묻고 소나무를 심으리라
소나무를 잘라 말목을 만들어
벽골제 방천에 박으리라
말목으로 하여금 보게 하리라
고인 물을 지킨다는 것은
고요한 수평을 이름이요
물을 흐르게 하는 것은
모든 생명의 갈증을 씻는 일이로다

세상 사람들은 왜
낮은 데를 채우고야 흐르는 물을
그리워하는지
너희는 아는가

두 갈래 생각

을사늑약 때는 학부대신으로
을사 5적의 한 사람이었고
정미 7조약 때는 총리대신으로
정미 7적의 한 사람이었고
경술국치 때는 총리대신으로
합방조약에 도장을 찍어
나라와 겨레를 팔아먹은
국적 이완용은
자작 칭호를 받고 사백만 원의 은사금을 받아
수백만 평의 대지 전답 임야를 사들여
부귀영화를 누렸다
조선 백성은 토적가를 불렀다

일품재상 이완용아
이군불사 못하나니
삼천리 이 강토를
사백만 원에 매도하여
오호(五湖)에 배 뜨면서
육조판서 간 데 없네
칠조약을 네가 내니

팔도 인민 요동한다
구중궁궐 우리 임금
십벌지목(十伐之木) 되단 말가
백세유방(百世流芳) 못할망정
천고 역적되었도다
만사무석(萬死無惜) 네 죄목에
억조창생 도탄일세

완용의 증손자 이윤형은
서대문구 북아현동 대지 712평
시가 30억짜리 대지를 되찾았다
서울고법 부장판사는
"친일파 땅이라고 해서 법률상 근거없이
재산권을 빼앗는 것은
법치국가에서 있을 수 없는 일"
"특히 과거사에 대해 지나친 정의관념이나
민족감정만을 내세워 문제삼는 것은
오히려 사회질서에 어긋난다."
고 판시하였다
법치국가에서 나라를 팔아먹는 것은 적법이고

지나친 민족감정이 사회질서를 어지럽힌다면
친일파가 날뛰어 나라를 어지럽히는 것은
어찌하여 용납하고 보호한단 말이냐
조선총독부와 대한민국정부와의 차이점이 무엇이냐

백범을 살해한 국적 안두희를
의사 박기서는 정신봉을 높이 들어
민족의 이름으로 처단하였다
의사 박기서의 정신봉에는
60년 민족의 원한이 서려 있었다
7천만 겨레의 민족정기가 서려 있었다
서울고법 부장판사는 이렇게 판시했다
"민족정기를 정립하려 했다는
박피고인의 범행동기는
참작할 점이 있지만
아무리 흉악범이라도
적법 절차에 의해 처벌되어야 하는 것이
헌법정신이고
범죄자 처단을 일반인에게 맡길 경우
법치주의가

뿌리째 흔들리는 만큼
박피고인은 처벌을 면할 수 없다."
적법이 정당성을 짓밟는구나
적법 절차 좋아하면서
흉악범의 처벌도 개인에게 맡길 수 없다면서
그 동안 왜 법은 낮잠을 잤는가
정치인은 무엇을 했는가

국회의원 나으리들이 서명을 받아
친일파 재산을 몰수한다더니
외유가 바빴나
골프놀이 요트놀이가 바빴나
물 흐르듯 흐르는 것이 법이라는데
법관의 망치들이
민족의 가슴에 뚝방을 쌓고
원한의 말뚝을 때려박는구나

하기야
친일은 친일이고 실정법은 실정법이고
친일은 친일이고 살인은 살인이고

친일은 친일이고 재산권은 재산권이고
친일은 친일이고 신문 기사는 기사고
친일은 친일이고 방송 프로는 프로고
친일은 친일이고 동상은 동상이고
친일은 친일이고 서훈은 서훈이고
그렇게 합리주의 빙자하면서
그렇게 다원주의 좋아하면서
민족정기 짓밟고 실리 좋아하더니
한일어업협정 깨지고 말았다
일본에 가서 외채 얻어야 한다고
독도 접안시설 준공식에도
장관 나으리 가다가 돌아왔다
한국 어선은 왜경에게 나포당하고
한국 어민은 왜경에게 두들겨 맞고
왜놈 법정에서 재판까지 받는다

주인도 모르고
밥을 주는 주인도 모르고
주인을 무는 미친개는
먹사리로 모가지를 묶어

낭창한 버드나무 가지에 매달아
참나무 몽둥이로 조져야 한다
마구 조져야 한다
민족의 원한이 풀릴 때까지
민족정기가 푸르른 솔로
파랗게 살아날 때까지

적손

황현의 매천야록에 보면
이완용의 아들 명구의 처 임씨는
임선준의 형 대준의 딸인데
이명구가 일본에 들어가
몇 년간 유학하는 사이
완용이 간통했다
명구가 돌아와 하루는
안방에 들어갔다가
완용이 며느리를 안고 누워 있는 것을 보고
밖으로 나오면서 탄식하였다
"집과 나라가 모두 망했으니 죽지 않고 어쩌랴."
아들이 자살한 뒤 완용은 며느리를
부끄럼없이 첩으로 여겼다 한다

가련하구나 명구야
사람 집안에 사람이 태어나는 법인데
짐승 집안에 사람이 태어났으니
네가 어찌 목숨을 부지하랴

용렬맞구나 명구야

너 죽어 황천에 갔을진대
네 아비와 마누라를 그냥 두고보느냐
짐승들이라 차마 어찌하지 못하였더냐

대답해 보라 완용아
니 며느리 아들은 누구며
니 며느리 손자는 누구고
니 며느리 증손은 누구냐

무너진 동상

개인의 부귀영화를 위하여
개인의 입신양명을 위하여
나라와 겨레를 배신하고
겨레의 재산과 목숨을 팔아먹은
변절한 친일파가 서훈을 받고
언제나 승승장구하는 것만은 아니다

1996년 2월 8일 오후 2시
분노한 청주 시민들은 삼일공원으로 달려가
변절한 친일파 정춘수 동상 모가지에
밧줄을 걸었다 그리고 당겼다
한반도를 진동하는 비명을 지르며
땅바닥에 굴러 떨어졌다 모가지가 부러져

한때는 기미 독립선언서에 서명도 하고
민족의 자주독립을 외치던 정춘수는
교회종과 철문을 떼어 전쟁물자로 공출하고
대동아전쟁 때는 감리교 총리원감독이 되어
징병을 나가라고 징용을 나가라고 정신대를 나가라고
전투기 2대까지 헌납하였다 각반을 치고

실정법을 어겼다고 기물을 파괴했다고 폭력을 행사
했다고
동상을 무너뜨린 의인들에게 형벌이 떨어졌다
정진동 징역 6월 집행유예 1년
박영호 징역 1년 집행유예 1년
신동명 징역 8월 집행유예 2년 사회봉사 100시간
이신호 징역 1년 집행유예 2년 사회봉사 150시간

분노한 의인들은 너희들의 모가지에 밧줄을 건다
친일파 정권의 모가지에
친일파 재벌의 모가지에
친일파 사법부의 모가지에
친일파 언론권력의 모가지에
그리고 당기리라 짓밟아 주리라

맑은 바다는 오욕을 싫어한다
밤새도록 폭풍을 몰아쳐
나라와 겨레를 배신하고 변절한
겨레의 재산과 목숨을 팔아먹은
너희들의 송장을 갯가로 몰아내리라

너희들의 송장을 까마귀밥이 되게 하리라

닭치기

전주에서 목회를 하는
강희남 목사는
김일성 주석 조문을 간다고
영업용 택시를 타고
판문점으로 가다가
경찰에 붙잡혀
감옥을 산다

강희남 목사는 카랑카랑 말한다
"누구나 닭을 치는 이는
닭장에 닭병이 돌면
모두 불태워야 한다
닭장을 아끼는 이들은
두번째 닭도
모두 죽이고 만다."

오동잎 편지

이울지도 않고 낙엽도 지지 않고
푸르른 오동잎 하나 뚝 떨어질 때
천하에 가을이 왔음을 알겠구나
눈보라가 치고 천지백 하겠구나
오동잎을 깔고 앉아 노자를 읽다가
연자색 오동나무꽃 떨어짐을 보고
앞대 사는 늙은 벗에게 편지를 띄우노라
국화주 익걸랑 한 잔 함께 마시자고
오동잎에 구결을 적어 산도랑물에 흘려보냈거늘
늙은 벗이여 받았는가 저승에서

주군이 현신을 얻어 선정을 베풀면
동궁 뜨락에 벽오동이 자란다는
그런 헛된 꿈 버린 지 오래이
오동나무 보고 춤추던 세월이 헛되구나
오동잎 하나 따다가 측간에 넣어두고
더러운 악취나 막고 구데기나 줄이려 하지
꽃잎이 측간에 떨어지니 향기가 있어도 소용이 없네
오동나무로 지은 거문고 내려놓고
탁청한 음색 골라 뜯으며

천기와 천도를 짐작하면 그뿐

첫딸 아이를 보고 뒤란에 심은 벽오동 두 그루
오늘은 베어서 톱질을 하고 대패로 다듬네
곱은 손 녹여가며 먹줄을 띄우고
아교를 붙여가며 장농을 짜네
경대와 도방구리를 짜고 옻칠을 하고
남은 몇 조각 모아서 관을 짜네
선산을 돌아보고 집에 돌아와 목욕을 하고
잠자듯 숨을 거두고 싶으이
늙은 벗에게 편지를 띄워주게나
저승에 있는 벗 편안하다고

대제학이나 홍문관 교리 아니면 어떤가
판중추부사나 통정대부 아니면 어떤가
평생을 땅을 파다 세상을 버린 선조고나 선조비
학생부군이나 유인 안동김씨
그 발치 아래 광중을 짓고 관을 묻어
한줌 흙으로 채우고 반쯤은 한으로 채워
대나무 씨앗으로 허기를 채우고

벽오동에 집을 짓는 봉황을 보려 하네
이승에 환생할 생각 바이 없다네
저승에 이미 정이 깊어

사슴

경인년 겨울이었을 것이다
굴참나무 가지마다 보오얀 눈꽃이 피어나고
산골짝을 때리는 세찬 바람은
눈보라의 해일을 일으키고 있었다

마을은 온통
저녁 짓는 생솔 연기에 싸여 있는데
우리집 굴뚝에서는 며칠째
연기가 피어 오르지 않았다

우리 삼형제는
마른 콩잎이랑 까시쟁이 잎을 들고
발갛게 볼을 때리는 산바람을 뚫으며
눈덮인 방천뚝을 따라 걸었다

언덕에 숨어서
산사슴 모자를 기다렸다
저녁 어스름이면 물을 마시러
찬샘골로 내려온다는

저녁 어스름이 산그늘을 덮을 때
사각사각 사슴 모자는
다래 덩쿨 눈꽃을 털며 산길을 내려와
찬샘골 물을 마시고 돌아섰다

우리는 달려나와 사슴을 쫓았다
어미를 따라 뛰던 새끼 사슴이
눈구덩이에 푹 앞다리가 빠지는 순간
큰형은 새매처럼 덮쳤다

우리가 새끼 사슴을 안고
의기양양하게 방천뚝을 따라 걸을 때
산을 내려온 어미는
우리를 따라오며 애자지게 울었다

우리는 가슴이 막막하여
새끼 사슴의 슬픈 눈동자를 보았다
큰형은 새끼 사슴의 머리를 몇 번 쓰다듬어 보고
방천뚝에 새끼 사슴을 놓아주었다

눈덮인 산길을 내려오며 큰형은
찬샘골 맑은 물 흐르는 소리처럼
낮게 흐느껴 울었다
형장의 이슬로 사라진 아버지를 생각하며

삼락

배부른 양반은
봉황이 벽오동 열매 쪼는 소리가 듣기 좋고
계집이 치마 벗는 소리가 듣기 좋다 한다

배고픈 농민은
가문 논바닥에 물 들어가는 소리가 듣기 좋고
어린것들 목구녕에 밥 넘어가는 소리가 듣기 좋다
한다

나는 그냥 사람인가 보다
물 흐르는 소리 언제 들어도 좋고
솔바람 소리 무진장 들어도 좋은 걸 보면

봄

봄이 오면
대수리 개울에 목욕하고
뒷동산에 올라가 온종일
휘파람을 불겠노라

살은 썩어 물이 되고
대수리 개울을 따라 흐르며
슬픈 노래를 부르겠노라
풀잎에 맺힌 이슬처럼

뼈는 한줌 황토되어
솔씨 틔워 노송으로 자라
캄캄한 밤 홀로
별을 헤이겠노라

영혼은 바람이나 되어
이 산 저 산 떠돌며
밑도 끝도 없이 헤매겠노라
봄이 오면

선산에 와서

여름밤
창을 열고 잠이 들면
밤 이슬 내려와
이마를 짚고

가을밤
창을 열고 잠이 들면
새벽 하늘 내려와
가슴을 덮고

겨울밤
창을 열고 잠이 들면
흰눈이 내려와
백골을 덮네

유산가

천한 백성은 천한 음식이 좋네
소나기에 터진 여린 열무 한줌
토장국에 썩썩 비벼
풋고추에 푹푹 찍어 먹으면
천한 백성 입맛에는 제격이지

천한 백성에게는 천한 집이 좋네
비 새는 흙담집이면 어떻고
단칸 사글세 방이면 어떤가
비 새는 물소리에 보릿대춤
천한 백성 풍류로는 제격이지

천한 백성에게는 천한 옷이 좋네
무명 적삼에 베고의 잠방에
부석부석 부랄 밑을 긁어도
상일 막일 하는 데는 그만이니
천한 백성 살갗에는 제격이지

천한 것들 천한 대로 앙구어
으헤헤 천한 새끼나 까고

이히히 지악스레 살다 죽어
푸른 조선 낫 날선 눈 흡뜨고
두억시니나 되어 이나 북북 갈으리니

새

저녁이면 깃들일 곳을 찾아
잠을 자고 아침이면
모이를 찾아 주림을 면하고
그리우면 님을 만나
사랑을 나누고
목마르면 샘을 찾아
갈증을 씻으니
세상에 대통령이 누구인들
새에게 무슨 소용이랴

백범을 생각하며

경교장으로
한민당 오우너 송진우가 찾아왔다
거금 9백만 원을 내놓았다
백범은 일언지하에 거절했다
더러운 친일파의 돈은 받을 수 없다고
리승만이 송진우를 불렀다
자신의 식솔이 여덟인데 매달 8천 원이 뭐냐고
송진우가 리승만을 달래었다
백범의 식솔들은 임정요인 광복군들 수백 명이라고
엄항섭을 앞세우고
화신 백화점 주인 박흥식이 경교장을 찾아왔다
반탁운동에 쓰라고 거금을 내놓았다
백범은 분노하여 꾸짖었다
"친일 갑부놈이 나를 능멸하는가."
백범은 엄항섭을 꾸짖었다
"엄군, 나는 임정 청사에서 새우잠을 자고
조석을 그대 집에서 비럭질하였다
끼니 때가 지나서 갈 때는 누룽지를 긁어 먹는 것
을 부끄럽게 생각하지 않았다
그대는 내가 벌써 타락했다고 생각하는가."

벽초

어린 날 벽초는
자기네 산에서 나무 베는 사람을 보면
한참 기다렸다 길을 가거나
멀리 외돌아 집으로 갔다 한다

어쩌다
자기네 산에서 나무 베어 가는
사람과 마주치면
"큰 걸로 베어 가세요."
"한짐 잔뜩 베어 가세요." 했다 한다

제월대 노인들은 지금도 말한다
"보통 인물이 아니었어요."
"우리 눈에도 왕기가 보였어요."
"떡잎 좋은 나무였지요."

조동세

하루도 취하지 않은 날이 없이
소금 한 접시나 멸치 도막에
몇 되박 막걸리에 거나하여
림건묵 전헌식 박인수 교수와 주당이 되어
허름한 선술집에서 도란도란
산도랑물 흐르듯 정담을 나누며
평생을 주당으로 사셨다

대성동 자택으로 원고를 찾으러 가면
썰렁한 찬바람 도는 방 안 바람벽에
키 하나를 걸어놓고 거나하여
밥상을 펴놓고 신년 사설을 쓰셨다
청빈하나 기개 높은 충청도 선비 조동세 교수님은
자르락자르락 키질하는 고향집 자당님 목소리를 들
으며
붓을 휘둘러 정치의 득실을 논하였다

대문장가였던 조동세 교수님의 필치는
도랑물 모여 대하가 수평을 잡아가듯
웅장한 침묵을 지키며 바다로 간다

청주대학교 개교 20주년 논문집에 실린
교수님의 논문 「다산 사상의 현대적 위치」는
가난한 나라의 불쌍한 백성으로 태어난 선비를
땅을 치고 통곡하게 만든다, 경세치용을 생각하며

신춘문예 상금을 타가지고 기고만장하여
사직동 다리를 건너다 교수님과 마주쳤다
"신군, 고맙네"를 연발하며 내 손을 잡아 흔드는
교수님께
정작 나는 약주 대접을 못하였다 철부지같이
어느 세월인들 가고 다시 못 오니
가진 것과 욕심이 한낱 검불과 같거늘
흐르는 것을 흐르지 못하게 하였구나 바보같이

군사독재 정권 아래서 바작바작 가슴을 태우며
대성중학에서 내가 유배생활을 하고 있을 때
정년이라면서 못난 제자를 찾아오셨다
시내로 모시고 가는 택시에서 "선생님, 퇴직금은
찾으셨습니까" 여쭈었더니
"이 사람아, 안 주는 걸 어쩌나" 그뿐이었다

그리고 제자를 보러 간다고 총총히 청주상고로 가
셨다
그것이 마지막이었다 다음해 세상을 떠나셨으니

교수님의 고향 청산을 지나거나
묘소가 있다는 용산을 지날 때
술 한 잔 찾는 이 하나 없던 고향생활 한 해와
6·3사태 때 트럭에 실려가는 우리를 바라보던 안
타까운 얼굴과
추운 겨울을 나던 교수님의 낡은 외투를 생각하며
아, 언제 영전을 찾아뵙고 술 한 잔을 올릴꼬
나이는 자꾸 먹어가는데 눈은 점점 어두워가는
데……

최병준

최병준 선생은
생강 같은 분이다
모든 사람을 중화시켰으나
한 번도 제맛을 잃지 않았다

김장하

아프리카 토인들이
원숭이를 산 채로 잡고 싶을 때
뒤웅박에 사탕을 넣어
나뭇가지에 매달아 둔다 한다
욕심에 겨운 원숭이는
한 움큼 사탕을 잔뜩 쥔 채
뒤웅박에서 손을 못 빼고
토인들에게 사로잡힌다 한다

톨스토이는
돈이란 똥과 같아서
가까이하면 몸에서 구린내가 나지만
들판에 뿌리면 거름이 된다 하였다
진주 사는 김장하 선생은
돈이란 물과 같아서
물 닿는 곳마다 싹이 트고 꽃이 피어나니
애써 잡지 말고 놓아두어야 한다고 한다

원숭이가 어리석다는 사람들도
과욕 때문에 이름에 똥칠을 하고

돈에 눈이 어두워 목숨을 잃으니
어리석구나 원숭이와 같은 인간들아
개 먹사리에
모가지를 들이밀고
용을 쓰는구나
사람들아

호랑이 가죽

사람들은
호랑이가 살아 있을 때는 죽이려 하고
죽고 나면 가죽을 예찬한다

사람들은
위인이 살아 있을 때는 죽이려 모함하고
죽고 나면 위인이라고 찬양한다

정진동 목사는
한시도 나라와 겨레를 걱정하지 않은 적이 없고
가난한 민중을 사랑하지 않은 적이 없고
불쌍한 노동자를 염려하지 않은 적이 없다

우리가 지금 늙고 힘없는 정진동 목사의
거친 손을 굳게 잡아주지 않는다면
죽은 호랑이 가죽이나 예찬하고
죽은 위인이나 찬양하는 것과 무엇이 다르랴

배신

내덕동 안덕벌 산동네 주민들이
대학 학교부지로 집터를 빼앗기게 되자
진정서도 쓰고 몸싸움도 하고 법정에 서면서
정진동 목사는 주민들과 함께 싸웠다
그때 함께 싸웠던 부인을 거리에서 만났는데
고개를 돌리고 외면하였다 한다

분평동 택지 문제로 정진동 목사는
포크레인이 사람 사는 집을 내리찍는 현장에서
주민들과 함께 토개공에 맞서 싸웠다 싸움터에서
토개공이 개별지가를 올려주자
주민들이 땅을 팔고 하나 둘 떠났다
빈 들판에 정진동 목사만 홀로 남았다

병자년 노동법과 안기부법이 날치기로 통과되자
10년 만에 넥타이 부대가 거리로 쏟아져 나왔다
정진동 목사는 또 함께 싸웠다
그러나 저들의 모가지와 구유가 보장되자
국민 여론을 감안해야 한다면서
그들은 모두 떠나버렸다 일제히

정진동 목사는 나에게 말했다
"저들이 인사를 알고 고마움을 알았다면
노예를 면하여 부자가 되었을 것이오.
그러니 용서를 해야지요.
저들이 나를 십자가에 못박지 않는 동안
나는 노동형제들을 위해 싸워야 하오."

2
세상이 어이없어
웃을 수밖에

굽은 나무

환공이 궁중 마구간을 돌아보다 구리에게 물었다
"마구간에서 가장 힘든 일이 무엇인가?"
구리가 머뭇거리자 관중이 대답했다
"소신이 마구간에서 일을 해봐서 잘 압니다.
마구간에서 가장 힘든 일은 우리를 짓는 일이지요.
처음에 굽은 나무를 쓰면 또 굽은 나무를 써야 합
니다.
처음에 곧은 나무를 쓰면 굽은 나무는 쓸 수가 없
습니다."
환공은 관중의 말을 얼른 알아들었다

뭉치면 살고 흩어지면 죽는다더니
리승만 대통령 아래서는
친일파는 뭉치고 민족세력은 흩어졌다
친일파 국무총리 장면은
맥도 못 쓰고 쓰러졌다
총칼로 정권을 탈취한
박정희 대통령 아래서는
유신 본당 정치 깡패들이 날뛰고
모르쇠 최규하 대통령 아래서는

반벙어리들이 슬슬 기고
광주 민중을 학살하고
피의 정권을 장악한
전두환 대통령 아래서는
신군부가 무소불위로 날뛰고
신군부 두목 노태우 대통령이 취임했다
호랑이를 잡으려면 호랑이굴에 들어가야 한다고
신군부와 야합한
김영삼 대통령 아래서는
소산과 가신들이 날뛰었다
아, 굽은 나무 아래서 국민들은
하루도 영일이 없었구나
이제 곧은 나무 쓸 때가 왔는지
모르겠다 모르겠다

황소

아 이제 그만합시다
노동법이고 안기부법이고
이제 그만합시다
태화강 둔치에서 황소들이
목놓아 울고 있다
용접과 조립을 일삼던 황소들이

나는 보았네 황소가
일만 부리는 최부자를 받아넘긴 것을
낭자한 항민의 피를
나는 들었네
도살장으로 끌려가는
낭자한 항민의 원성을

겁많고 살진 황소들이
금융노련과 언노련 황소들이
넥타이를 매고 관악산을 오른다
명태가 되고 황태가 되고
쉬파리만 날리는데
징은 울린다 명동 천주교당에서

소가 무너 앉는다
밭만 갈던 소가 논만 갈던 소가
멍에도 벗고 입멍도 벗고
보수 언론이 고삐를 당긴다
북쪽에서 늑대가 온다고
국민이 불편하다고

신한국당은 콧구멍을 쑤신다
홍보가 부족하다고 국민이 오해를 하고 있다고
소꼬리에 검경이 불을 붙인다
천주교당도 법 앞에 평등하다고
받아넘기라 김부자의 오만과 독선을
받아넘기라 김부자의 무능과 무책임을

아 이제 그만합시다
노동법이고 안기부법이고
이제 그만합시다
황소는 불우하였을 뿐 불행한 것은 아니었다
황소는 전부자와 노부자를 두려워하였다
그러나 김부자는 경멸하였다

새타령 변주곡

오늘도 사냥꾼 김씨는
늪가에 네번째 그물을 치고
바닥에 흠뻑 모이를 뿌려놓았다
갈대밭에 숨어 그물을 엿보며 김씨는
쓰라린 세 번의 실패를 생각했다
북풍이 불어 그물을 찢어버리고
금풍이 불어 모이를 날려보내고
지역풍이 불어 새들을 쫓아버렸다

오매 징한 거 징한 거
묏새도 날아오고 들새도 날아오고
온갖 잡새가 날아든다
온산새도 날아오너라
남이가새도 날아오너라
정손협새도 날아오너라
대쪽새도 날아오너라
김씨는 보릿대춤을 추었다

오매 좋은 거 좋은 거
대붕 대쪽새가 흰 나래를 접고

새들을 돌아보며 성큼 좌정하자
김씨는 어금니를 깨물며 벼리를 당겼다
아 하늘그물이 새들을 덮는구나
대쪽새는 비명을 질렀다
병역기피 병역기피
잡새들도 목청을 돋구어 따라 울었다

대쪽새는 나래를 퍼덕이며 날았다
남이가새도 한서새도 서룡새도 날았다
새들은 창공 높이 그물을 쓰고 날았다
당황하던 김씨는 새들을 따라 뛰었다
세성재벌은 김씨가 미쳤다고 비웃고
언론재벌은 치매기가 있다고 쑥덕이고
재벌신문은 사냥꾼 자질이 문제라고
비웃었다 북쪽에서 편지가 왔다고

석양이 되었다 창공 드높이 날던 새들은
각자 깃들일 둥지를 향해 날았다
새들은 땅바닥에 떨어졌다
김씨는 새들을 새장에 가두었다

대쪽새는 탄식했다 그리고 눈을 감았다
"나뭇가지에 그물을 걸고 왜 빠져나오지 못했던고.
소리에 밝은 새들이 원망스럽구나.
대쪽이 휘어 갈대가 되었으니 부끄럽구나."

계룡 황제

어허 저것 봐라
김공삼 대통령 연간 해동성국
대문집 금실 대부 바깥 마당가에
백계와 황계 사이 황제 쟁탈전이
청명 백주에 벌어졌것다
춘추 영웅들아 저 광경을 보아라
좌익 우익 낮게 펼쳐 지축을 울리고
백룡 창검 곧추 세워 필마 단기 몰아
백계 장군 나가신다 조카는 항복하라
황계 장군 청룡도 높이 들어 크게 꾸짖어 왈
젖비린내 나는 촌부가 천하 넓은 줄을 모르는도다
백계 장군 황계 장군 자웅을 판정할 제
백룡 창검 청룡도 맞부딪쳐 쟁쟁하고
벼슬에서 피가 흘러 유혈이 낭자하다
수합을 거듭하니 깃털이 날려 창공을 덮는구나
공중전에 발톱으로 적의 얼굴을 할퀴고
허를 찔러 잽을 먹이는구나
이때 백진이 왜진이 창공에 맴을 돈다
백계 장군 적장 목을 물어 몇 바퀴 맴을 돌리자
황계는 백계 장군 똥구멍에 머리를 쑤셔박는다

백계 장군 슬쩍 비켜서며 창검으로
적장의 목을 치며 발톱으로 할퀴며 날개로 몰아치니
슬프다 황계 장군 구명도생을 하는구나
동네 암탉 모두 마당에 모이라 명령하니
영계 한 마리 아장아장 섹시하게 걸어오는지라
날개 한쪽 사타구니에 꽂고 한바퀴 돌고 나서
냉큼 올라타 계간을 하는구나
이제는 나인이고 중인이고 무치로다
밤도 낮도 안도 밖도 가릴 것이 없도다
백계 장군 날개를 펼쳐 담 위에 높이 앉아
크게 홰를 치고 대갈일성 왈
이제 짐의 시대가 왔도다 그대들에게 평화를
계룡 황제 만세 끼이옥
씨암탉 영계도 화답한다
계룡 황제 할렐루야
왜진이 창공 높이 맴을 돌고
백진이 덮쳐 내려 계룡 황제 낚아채는구나
벼슬에 피가 흘러 눈앞을 가린다
합하 억울합니다 어찌 하루의 말미도 안 주십니까?
억울할 것도 슬플 것도 없도다

네가 담 위에 올라서지만 않았어도 잡히지는 않았
을 것이다
영계는 부르르 깃털을 털며 말했다
아이, 에스는 못 말려

건망증

서울 색시가 시골 부자 총각에게 시집을 갔다
살다 보니 서방이 반피였다
장인어른 생일에 반피와 색시가 서울로 가게 되었다
색시는 서방이 반피라는 것이 부끄러웠다
색시는 반피 서방에게 예법을 가르쳤다
식사 전에 '진지 많이 드십시오'
식사 후에 '담배 피시지요'
반피서방은 그것을 외울 수가 없었다
궁리 끝에 서방 자지를 실로 묶어서
한 번 당기면 '진지 많이 드십시오'
두 번 당기면 '담배 피십시오'
라고 하기로 하였다
아침식사 때 부엌에서 색시가 실을 당기는 대로 하니
장인은 '우리 사위 예를 안다' 하였다
색시가 측간에 가려고 실 끝을 북어 대가리에 묶어
놓았다
숭늉을 뜨러 부엌에 나온 장모가 북어 대가리를
한 번 당기니 '진지 많이 드십시오'
두 번 당기니 '담배 피십시오' 한다
장인이 '이 사람, 밥은 먹었고 담배는 피고 있네'

이번에는 도둑고양이가 북어 대가리를 마구 물어뜯
었다
반피 서방은 눈물을 찔끔거리며
'진지 담배 담배 진지'
하면서 쩔쩔매었다

김영삼 대통령은 취임 직전에 유권자가
"머리가 나빠 정치를 제대로 하겠느냐?" 물었다
"좋은 머리는 많으니 빌려 쓰면 된다. 인사만사 아니
냐." 하였다
취임 후에 좋은 머리와 나쁜 머리를 구별하지 못하여
인사망사가 되니
국민들로부터 돌반지를 거두어 들였다
김영삼 대통령의 건망증을
역사는
결코 용납하지 않을 것이다

가사와 정사에는 건망증이 통할지 모른다
그러나 역사에는 건망증이 있을 수 없다

1947년 6월 26일
안두희가 쏜 총탄에
백범이 쓰러졌다
사흘 밤낮 쏟아지는 장대비 속으로
거인은 갔다
나라도 법도 언론도
선생의 원수 갚아주는 이가 없었다
1961년 군사 쿠데타가 일어나던 해
의사 곽태영은
양구에서 두부공장을 차려
군납을 독점하던
안두희를 저격하였다
의사 권중희는 몽둥이를 들어
안두희의 일부 자백을 받아냈다
의사 박기서는 정신봉으로
민족의 원수를 내리쳤다

역사에는 시효도 면책도 없다는데
건망증도 용납이 안 된다는데

비둘기

황태자는 비둘기 한 쌍을 길렀다
어느 날 입이 심심해서 수비둘기를 잡아먹고 살코
기 몇 점을 황제에게 바쳤다
그날밤 암비둘기는 무슨 소주회사 회장인가 뭔가
수비둘기를 끌고 왔다
황태자는 수비둘기를 잡아먹었다
그날밤 암비둘기는 제철소 이산가 뭔가 하는 수비
둘기를 끌고 왔다
황태자는 수비둘기를 잡아먹었다
그날밤 암비둘기는 지역 방송사 회장인가 뭔가 하
는 수비둘기를 끌고 왔다
황태자는 수비둘기를 잡아먹었다
비둘기 사회에서 여론이 들끓었다
마침내 황태자는 철창에 갇히고 말았다
황태자가 황제에게 비둘기 고기를 못 바치게 되자
황제는 어지럼증에 걸렸다
부도가 날 것 같았다
마침내 부도가 나고 말았다
아랫것들이 모두 알아서
황제 생전에 황태자를 석방하였다

무슨 보석인가 무슨 황금인가로

저승사자

어머니가 몸져 누운 지 몇 달이 지났다
차봉순은 극진히 간호를 하였으나 차도가 없었다
차봉순은 어느 날 밤 꿈을 꾸었다
이 달 보름 저승사자 강득시가 어머니를 잡으러
온다는 것이다
차봉순은 수소문을 하다가 어느 할머니께
저승사자 강득시는 계란을 좋아한다는 것을 알았다
항아리에 독한 술을 가득 부어놓고
저승사자를 기다렸다
달 밝은 보름 12시에 저승사자 강득시가 찾아왔다
차봉순은 서슴없이 저승사자를 항아리로 데려갔다
"사자님께서 계란을 좋아한다기에 항아리에 담아
두었지요."
저승사자는 실팍하게 웃으며
항아리 속의 계란을 건지려 했지만
자꾸 흔들리며 이그러질 뿐
건져지지가 않았다 사자는 궁리 끝에
"술을 모두 마시면 계란이 나올 것이다."
저승사자는 술을 마시다 이승 체류일정을 어기고
말았다

차봉순은 저승사자 강득시의 행랑을 뒤져
정리해고 파일을 꺼내놓고
염라대왕 지퍼 게이트 파일을 뒤바꾸어 놓았다
저승사자 강득시는 새벽 네시에 잠이 깨어
허겁지겁 저승으로 달려가고 말았다
어머니는 씻은 듯이 자리를 털고 일어났다
"어머니, 재벌의 족벌독재를 혁파하고 구조조정을
신속히 해야 합니다.
이번에는 외채 부족으로 국민의 자존심이 짓밟혔지만
다음에는 국민의 영토가 짓밟힙니다.
그러나 정리해고는 혁명이 아니라 쿠데타입니다."
차봉순은 회심의 미소를 머금었다
지금쯤 염라대왕은 홍역을 치르고 있을 것이다
청문회니 탄핵이니 하면서
어머니는 몇 번 선하품을 하였다
"애야, 항아리 속에는 정말 계란이 있었느냐?"
"아니요. 항아리 속에 비친 것은 달빛이었어요."

거문고

달 밝은 밤에 임금이 정승을 모아놓고 연회를 베
풀었다
임금은 거문고를 들고 말하기를
"이 거문고는 지리산 도인이 보낸 거문고인데
뜯는 사람이 따로 없어도 스스로 소리를 낸다 하오.
다만 마음이 청정한 사람에게만 들리는 것이 흠이오만
경들이야 청정하니 걱정할 게 뭐 있소.
자, 즐겨 봅시다."
정적 속에 임금의 고개가 끄덕이기 시작했다
손가락 장단을 맞추기도 했다
하나 둘 정승들의 어깨도 들썩이기 시작했다
영의정은 손바닥으로 무릎 장단을 맞추었다
좌의정은 일어나 춤을 추었다
나중에는 모두 흥에 겨워 춤을 추었다
"거참 신기도 하구려, 저렇게 아름다운 곡이 저절
로 연주되다니."
잔치가 기울자 임금이 빙그레 웃으며 물었다
"거문고 소리를 듣지 못한 분이 계시오."
"잘 들리옵니다. 마마."
"그렇다면 저 거문고 곡이 무엇인지 아오?"

정승들은 서로 얼굴만 바라볼 뿐이었다
임금이 내뱉듯 말하고 내전으로 들어갔다
"그럼 내 말하리다. 아첨곡이오 아첨곡."

한말 세도가 대감이 방귀를 뀌었다
문객이 말했다
"대감 방귀는 향기롭습니다."
"예끼 내가 궁노루란 말이오."
대감은 문객을 쫓아냈다
리승만 대통령이 안양 유원지에서 낚시를 하다 방
귀를 뀌었다
"각하 시원하시겠습니다."
당시 교통부 장관 김일환이 말했다
윤치영은 박정희 대통령을
'반만 년 만에 처음 보는 지도자'라고 말했다
주변에서 핀잔을 주자 고쳐서
'5백 년 만에 처음 보는 지도자'라 했다
정진경 목사는 조찬 기도회에서
"전두환 장군이 구석구석 쌓인 악을 제거해 주시
니 하나님 감사합니다."라고 기도하였다

시인 서정주와 조병화는 전두환을
'부처님 같은 분'이라고 예찬하였다
부처가 전두환을 닮았다면 부처가 감옥을 갔을 것
이다

허창두 목사는 말한다
"군자에게 하는 아첨은 자신을 조신하는 척도가
되지요.
그러나 소인에게 하는 아첨은 소인을 충동질하는
마약이 됩니다.
세상 사람들이 자신의 입신양명을 위해 아첨을 하
는데 그 아첨으로 많은 사람이 상하게 되고 심지어
죽게 되는 줄을 몰라요."

안록산이 반란을 일으켜
당 명황을 내쫓고 대연을 세운 뒤
춤추는 코끼리와 노래하는 원숭이에게 주악을 명하니
모두 아가리를 벌리고 안록산에게 덤벼들었다
"항차 짐승도 두 임금을 섬기지 않거늘
인간인 내가 악기로써 망국노에게 아첨할 수 있는가."

악공 뢰해청은 장고를 들어 안록산의 면상을 치고
드디어 칼에 맞아 죽고 말았다

아첨곡을 알리는 거문고 탄주는 아직도 끝나지 않
았다
아첨의 수레바퀴가 멈추지 않는 한
역사의 수레바퀴에 깔려 죽는
갯지렁이의 죽음도 끝나지 않을 것이다

사냥개

국장 사냥개는 으드득 이빨을 갈며
눈을 부라리고 으르렁거렸다
그러고는 노조 위원장 사냥개의 멱을 물어뜯었다
"뭐 처우 개선에 복지 향상이라고……"
이번에는 도사견을 물어뜯었다
"양심이니 정의니 붓방아를 찧더니……"
이번에는 세퍼드를 물어뜯었다
"뭐 회장님 오랄 섹스가 어쩌고 어째……"
사냥개들은 납작 업드려 오줌을 질질 쌌다
털이 포실한 진돗개 주변을 빙 돌던 국장 사냥개는
암캐의 물건에 코를 대고 몇 번 킁킁 대다가
쑥 빠지려는 물건을 억지로 집어넣고
위엄 있게 몇 번 컹컹 짖었다
"오늘 저녁에는 아파트로 찾아가 볼일을 좀 봐야
겠는데……"
국장 사냥개는 사장 사냥개 방문을 천천히 두드렸다
"모두 50여 명을 정리해고시켰습니다만……"
사장 사냥개는 벌컥 화를 내며 으르렁거렸다
"좀더 기술적으로 못해요. 여론을 의식해야지."
국장 사냥개는 발발 떨다가

이래서는 안 되겠다고 만면의 미소를 띠우며
사장 사냥개 사타구니를 핥기 시작했다
"어쩜 이렇게 섹시하셔……"
"일괄 사표를 받아서 선별 처리를 해야지. 좋소
회장님께 보고합시다."
회장 사냥개 집에 이르자 국장 사냥개가 벨을 눌렀다
가마솥에 물을 설설 끓이던 회장 사냥개는
"오늘은 국장을 잡아 의원 나으리들을 대접하고
내일은 사장을 잡아 장관 나으리를 대접해야지."
회장은 손바닥에 침을 뱉더니
덥석 국장 사냥개의 모가지를 잡았다
"뭐 전직 안기부 요원은 회장에 취임할 수 없다고.
이놈아 토끼를 잡으면 사냥개를 팽하고
새를 쏘아 잡으면 활을 팽하고
적국을 무너뜨리면 참모를 팽하는 법이다."
흐흐흐

홍합

어느 마을 선비가
과거는 보러 가야겠는데
아내가 못 미더워 얼른
과거길에 오르지 못하였다
눈치 빠른 아내가 홍합을 내어주며
"옥문을 떼어주니 과거길을 떠나시오." 하였다
마지못해 길을 떠나
복로방에서 홍합을 얼른 꺼내 슬슬
양물에 문지르다 측간을 갔다
괴이하게 여긴 과객이 홍합을 꺼내 보고
얼른 알맹이를 빼먹었다
홍합을 꺼내 본 선비는 길게 탄식하며
"쓸데없는 과거 때문에 아내의 옥문만 병신을 만
들었다."
선비는 서둘러 귀향길에 올랐다

단기 차관을 중장기로 교섭해 보려고
이율도 낮추고 상환 방법도 개선해 보려고
ㅂ의원이 일본을 건너갔다가
어업협정을 일방적으로 파기한다는 소식을 들었다

일본 재계 인사와 리셉션이고 지랄이고
장기 저리 차관이고 지랄이고
서둘러 한국행 비행기를 탔다
위안부 할머니들의 몸은 이미 결딴나고
홍합은 물론 명태 멸치 오징어까지도
일본에게 빼앗기게 생겼기 때문이다
기내에서 ㅂ의원은 전화를 걸었다
"각하, 군함과 잠수함을 모두 동원해야 되겠습니다.
이러다가는 홍합 알맹이를 도둑질당하고 말겠습니
다."

바둑알

호조 관리 김수팽이 곳간의 물품을 조사하고 있었다
대신은 은으로 만든 바둑알을 보더니 말했다
"이것 참 예쁘군. 우리 딸 놀이개를 만들어주면 딱
좋겠군."
그러더니 은바둑알을 몇 개 집어넣는 것이었다
"대감께서는 딸이 하나뿐이지만 저는 다섯이나 된
답니다.
그러니 저는 대감보다 더 많이 가져가야 되겠습니다."
이 말을 듣자 대감은 무안해서 바둑알을 제자리에
놓았다

정태수 리스트 무섭다
으시시 떨린다
국회의장 야당 부총재도 내 돈 먹었다
전직 현직 장관도 전직 현직 국회의원도 내 돈 먹
었다
전직 대사 현직 시장도 모두모두 먹었다
줄줄이 잡혀 들어가고 굴비처럼 풀려 나온다
"적법 절차에 따라 정치자금으로 처리했다."
"대가성 없는 순수한 돈이다."

"떡장수가 떡고물 좀 먹었기로 무슨 죄고?"
"나는 깃털이다 몸통은 따로 있다."
"사전 뇌물죄가 어딨노?"
소산도 풀려나고 모두 병보석으로 풀려났다
회장님과 은행장만 감옥에 남았다
김수팽인들 수백 도둑을 어찌 막느냐
바둑알도 아닌 사과 박스를 어찌 막느냐
몸통이 나오니 깃털도 석방된다
병보석으로 형집행정지로

족제비 사냥

연미복에 단장을 짚은 영국 신사들이
산 채로 족제비 사냥을 할 때
둥그렇게 족제비를 둘러싸고
한쪽을 틔어 거름 구덩이를 만든다고 한다

사람들에 쫓겨 거름 구덩이에 이른 족제비는
똥구덩이에 빠져
차마 고운 털을 더럽힐 수 없어
그냥 사로잡히고 만다 한다

전직 두 대통령과
국회의원 장관 대통령의 차남이
똥구덩이에 빠져 헤엄을 치고
구더기까지 잡아먹었다 한다

족제비만도 못한 것들이
국정을 이리 왈 저리 왈 하고
백성의 목숨을 쥐락펴락한다니
차마 영국 족제비들 볼 낯이 없다

노루

나는 보았다
사냥꾼이 몽둥이 하나로 노루를 잡는 것을
사냥꾼에게 쫓겨 한참 도망가던 노루는
왜 도망을 가는지를 몰라 멍청하게 서 있다가
사냥꾼의 몽둥이에 맞아 죽는 노루를
푸대에 꽁꽁 묶어 노루를 지고 가는 사냥꾼을

고기가 귀할 때도 어른들은 아이들에게
절대로 노루고기를 먹이지 않았다
행여 노루처럼 멍청한 건망증 때문에
일신을 망치고 패가망신하는 일이 없도록 하기 위하여

나는 보았다
일제식민통치와 미제국주의에 쫓겨가던 노루가
한일어업협정을 깬다고 독도를 돌려달라고 말할 때도
개항 아닌 무역 개방을 요구할 때도
노루 같은 멍청한 건망증 때문에
몽둥이를 맞고 쓰러졌다
그리고 경제식민통치를 받았다
그러나 노루는 경제식민통치를 모른다

은행을 빼앗기고 대기업을 빼앗기고 나서도
노동자가 모두 거리로 쫓겨났는데도
피와 살이 저들의 목구멍으로 넘어가는데도
누구를 위한 IMF 극복이냐?
신자유주의자를 위해서
아니면 재벌을 위해서
아니면 언론재벌을 위해서인가?

아무리 달러가 귀한 세상에서도
IMF 달러로 지은 고기와 밥을
아이들에게는 먹일 수가 없다
초롱초롱 빛나는 정신을 위하여
조국의 미래를 위하여

곰

곰은
여름에는 붙어 자고
겨울에는 떨어져 잔다
자신의 체온 때문에 상대방이
시원해지거나 따스해지는 것이 싫어서

곰은
자신의 영역에
똥오줌을 싸고 나무를 파서
외적의 침입을 막고
자신의 영역에서 먹이를 구한다

곰은
교활한 사냥꾼이
나뭇가지에 돌을 매달아 두면
받아넘긴다 받아넘긴다 머리가 터져 낭자해도
사냥꾼은 가죽을 벗기고 쓸개를 꺼내 간다

곰 같은 놈들은
자꾸만 자꾸만 달러를 꾸어다

선진국놀이 재벌놀이 왕자놀이를 즐기더니만
아메리칸 카우보이와 섬나라 쪽발이들에게
쓸개도 간도 모두 빼앗겨버렸다

제단
―전·노 사면을 보며

얼마나 많은 눈물을 뿌려야
이 땅에 떨어진 씨앗 한 알
새싹 터 떡잎 가르고
푸른 하늘 치솟는 나무로 자라나
아름다운 한 송이 꽃을 피울까

얼마나 많은 피를 뿌려야
이 땅을 뒤덮은 캄캄한 어둠
한줄기 불꽃으로 타올라
푸른 바다를 차올라
붉은 태양으로 환히 비칠까

얼마나 많은 뼈와 살을 바쳐야
이 땅에 떨어진 소중한 사랑
번개와 천둥에도 다치지 않는
반석 위에 우뚝한 저 바위처럼
우람한 궁전을 지을 수 있을까

얼마나 많은 목숨을 바쳐야

이 땅에 떨어진 한방울의 물
산도랑물 실개천을 이루어
깊게 조용히 굽이치는 장강이 되어
넓고 넓은 바다에 이를 수 있을까

얼마나 많은 피와 눈물을 뿌려야
얼마나 많은 뼈와 살과 목숨을 제단에 바쳐야
빛나는 새 세상이 오는 것일까
민주주의 만세
민주주의 만세

상수리

옛날 황해도 구왕산 구왕굴에
왕이 몸을 피해 피난을 하고 있을 때
착한 백성이 도토리밥을 지어 바쳐
왕이 허기를 면하고 목숨을 구했대서
상수리를 상수라라고 불렀다 한다

세상에 가뭄이 들어 사람이 굶어 죽게 되면
상수리는 머루 다래 으름과 상의하여
많은 열매를 연다고 한다
도토리묵밥이나 적을 부쳐 먹으며
구명도생을 하라고 불쌍한 백성들이

도토리 키재듯 잘난 것도 뛰어난 것도 없이
돈도 권세도 문벌도 없는 상수리는
아웅다웅하지 말고 그만그만하게
도토리 반쪽을 나누어 먹고 서로 사이좋게
그렇게 살아가라고 열매가 연다

영국인은 오크로 배를 지어 세계를 정복하고
프랑스인은 오크통을 만들어 명주를 빚었지만

우리 조상들은 아들을 낳으면 상수리를 심어
죽을 때 관을 짜서 가지고 갔다
욕된 목숨 얼른 썩어 흙이 되라고

3
세상을 살아가는 몇 마디 말

장경각

가야산 명당에 자리잡은
합천 해인사 장경각은
8만 대장경을 썩지도 트지도 않게
품에 안고 5백 년을 서 있다

장경각이 5백 년의 풍상을 견디어 온 것은
오는 사람 막지 않고 가는 사람 잡지 않듯
오는 바람 막지 않고 가는 바람 잡지 않으면서
무념 무욕 무소유로 비운 데 있다

합천 해인사 장경각에 부는 바람은
언제나 남쪽에서 불어와 북쪽으로 간다
입으로 먹고 똥구멍으로 방귀를 뀌는 일은 있어도
똥구멍으로 먹고 아가리로 트림을 하는 일은 없다

수다라전 넓은 창문과 굵은 간살로 들어온 바람은
부처 말씀을 찬찬히 만져보고
북쪽 좁은 창문 가는 간살을 빠져
벽을 타고 천천히 법보전으로 간다

법보전 넓은 창문으로 넘어온 바람은
나직나직 불경을 외우다
북쪽 창문을 통하여 가야산으로 되돌아갈 때
바람은 해탈한 법풍이 된다

하기야 장경각 경판이 썩지 않고 트지 않는 데는
결삭은 후박나무가 욕심을 버린 데도 있고
숯과 소금으로 채운 기초가 습기를 조절하는 데도
있지만
오고 가는 데 무념무상한 바람에게 신세를 지고 있다

똥과 욕심으로 가득 찬 인간들이 지은
성수대교가 무너져 어린 목숨 앗아가고
삼풍 백화점 무너져 영혼을 데리고 가니
인간들아 방귀나 뀌며 살아라

대장군

어느 나그네가 길을 가다가
손이 있는 대장군 방위 쪽으로
삽짝을 내는 사내를 만났다
나그네가 일러주니 사내는 도끼로 땅을 찍으며
"네 이놈 대장군 놈아
빨리 물러가지 않으면 대갈통을 찍을 테다."
사내는 나그네를 쫓아버렸다

나그네가 고개를 넘어 개울가에 이르러
냇물에 발을 담그고 있는 늙은이를 만났다
나그네가 늙은이에게 까닭을 물으니
"내가 바로 노형이 일러준 대장군이오.
그놈이 도끼로 내 발목을 찍어 삐었기로
잠시 찬물로 다스리는 중이오."
"그래 고얀놈을 그냥 둔단 말이오."
"말도 마오. 그놈처럼 기가 센 놈은
나로서도 어쩔 수가 없지요.
더구나 그놈의 운세는 30년이나 남았소."
기가 세거나 대가 센 사람은
귀신도 어쩌는 수가 없는가 보다

점쟁이

조선 숙종 때라던가
광길이라는 점쟁이가
혹세무민하는 점괘를
시중에 퍼뜨려
세상을 어지럽혔다
왕은 점쟁이를 잡아 죽이려고
궁중으로 잡아들였다
"네가 세상 일을 잘 아느냐?"
"잘 모릅니다."
"네가 네 일을 잘 아느냐?"
"잘 모릅니다."
"네가 언제 죽을 것 같으냐?"
점쟁이는 한동안 하늘을 우러러보고
땅을 굽어보고 나서 말했다
"예, 폐하보다 사흘 앞서 죽을 것입니다."
왕은 점쟁이를 궁 밖으로 내쳤다

박지혜

박○희가 운전하는 봉고를 타고
박○희 자당님이랑 나랑
추풍령으로 눈을 보러 가는데
박○희 큰딸 박지혜가 말했다
"우리 아빠는 돈도 못 벌고 불쌍해유.
할머니, 아빠 혼내키지 마세유."

박○희가 운전하는 봉고를 타고
정진동 목사랑 나랑 소주계원이랑
삼탄으로 야유회를 가는데
박○희 큰딸 박지혜는 말했다
"우리 아빠는 엄마한테 맨날 맞어유.
불쌍해 죽겠어유."

익모초

익모초 참으로 대단허네
6월 6일 유두날 잎을 따
음지에서 새들새들 말려
10세 미만 어린아이 오줌을 받아
십여 차례 절인 뒤 바짝 말려
분말을 만들어 조석으로 복용하면
성인병은 예방하고
회춘도 가하다 허네

허청년 성님 보시게나
망정년에 백발터럭 한오라기 없이
흑발에 동안이네
식성도 좋거니와
볼일 보는 데도
땀 한방울 흘리지 않는다네
잔병 없는 망정년이라
익모초 참으로 대단허네

도시락

신하가 백성이 굶어 죽고 있다고 말하니
중국 황제가 말했다
"고기죽이라도 끓여 먹지 왜 굶어 죽는가."

부관이 절량농가가 늘어나 문제라고 말하니
하지 군정장관이 말했다
"한국 사람은 왜 쌀밥만 먹으려 하는지 모르겠다.
쌀이 없으면 계란 우유 사과를 먹으면 되지 않는가."
부관이 어이없어 웃었다
"부관은 왜 웃는가.
계란 우유 사과 따위가 쌀보다 영양가가 떨어진다
고 생각하는가."

50 · 60년대 굶주림에 대해 말하면
우리나라 어린이들은 이렇게 말한다고 한다
"라면이나 빵이라도 먹지 왜 굶어요."

요즘 IMF 한파 때문에 두 끼만 도시락으로 때우
는 사람이 늘고 있다
통치자는 이렇게 말할지도 모르겠다

“우유도 먹고 라면도 먹지 왜 도시락만 먹는가.”

거지 밥그릇

어느 날 제자가 스승을 찾아갔다
"아니, 이렇게 귀중한 주발을 어디서 구하셨습니까?"
"거지 밥그릇이라네."
"이렇게 값나가는 주발로 비럭질을 했단 말입니까?"
"굶어서 거지는 죽었지."
"바보같이…… 이렇게 값비싼 골동품을 옆에 놓고서."
"혹시 바보는 자네가 아닌가.
그것이 거지에게는 골동품이 아니라 밥그릇이었을
뿐이네.
왜 밥그릇을 돈가치로 따지려 드는가."

미원면 사는 차상복 노인이 빈 집에서 혼자 죽었다
그가 죽고 나자 수십억대의 부동산이 발견되었다
세상 사람들은 차상복 노인을 구두쇠 같은 바보라
고 비웃었다
차상복 노인에게는 그것이 부동산이 아니라 농토
였을 뿐이었던 것 같다
농민 밥그릇 말이다
세상 사람들은 왜 농사 짓는 농토를
부동산 가치로만 따지려 드는지 모르겠다

난초

괴산군 청천면 가무내 사는 박석두는
온실도 마다하고 비닐 하우스도 마다하고
난초를 자연 재배한다고
전국 방방곡곡을 돌아다닌다
눈 내리고 바람 부는 겨울에는
오대산이나 대관령에서 산다
눈 때문에 얼어죽는 난을 보살피기 위해서
바람 불고 장대비 쏟아지는 여름에는
지리산이나 남해 어느 섬에서 산다
수해 때문에 난이 죽는 것을 막기 위해서
난을 왜 굳이 자연 재배해야 하느냐고 물으면
박석두는
"방 안에만 있어 봐요. 물건이 서남."
난초를 기를 때 조심할 점을 물으면
박석두는
"꽃대가 올라왔을 때 직접 물을 뿌리면 못 써요.
발기한 물건에다 찬물을 끼얹어 보소. 죽고 말지."

칼

칼잡이 세 사람이 칼 자랑을 하다가
서로의 성능을 시험해 보기로 하였다
흐르는 물에 오동잎을 띄워놓고 칼을 대보기로 하
였다
첫번째는 멈칫하더니 잘렸다
두번째는 소리없이 잘렸다
세번째는 오동잎이 칼을 피해 갔다

사람값도 칼값과 같다
몇 년을 사귀면서 거래를 한 뒤
마침내 신뢰할 수 있는 이는
칼을 대면 멈칫 잘리는 오동잎의 일과 같아
벗으로 사귈 수 있는 장부요
서로 만나 말을 나눈 뒤에야
비로소 신뢰할 수 있는 이는
칼을 대야 잘리는 오동잎의 일과 같아
구하기 힘든 영웅이요
명성만 들어도 신뢰가 가는 이는
칼집만 보고도 피해 가는 오동잎의 일과 같아서
세상에 으뜸가는 군자로다

독서

조위한이 홍문관에서 숙직할 때
학생 하나가 책을 내던지며 자탄했다
"책을 덮기만 하면 방금 읽은 것도 머릿속에서 달
아나 버린다.
이래 가지고 책을 읽는 것이 무슨 소용이란 말인가."
이를 보고 조위한이 말했다
"그것은 사람이 밥을 먹는 것과 같은 이치라네.
밥이 항상 배 속에 남아 있는 것이 아니라
삭아서 똥이 되어 빠져나가 버리고
그 정기만 남아서 신체를 윤택하게 하는 이치와
마찬가지지.
따라서, 책을 읽고 당장 그 내용을 잃어버린다 해도
모든 것을 잃어버리는 것은 아닐세.
책을 읽음으로써 무엇인가 저절로 진전되는 것이
있는 법이야.
그러니 잘 잊어버린다고 해서 스스로 책읽기를 포
기해서야 되겠는가?"

책읽기란 빈 배 속에 중심 짐쌓기와 같은 것이다
중심 쌓기가 안 된 배는 풍랑을 만나면 전복되고

만다
  짐을 지지 않고 산을 내려오면 발이 헛돌아 조난
을 당한다
  책을 읽어 마음 중심에 양식을 쌓지 않으면
위기를 극복하지 못하고 실패한다
정치인과 재벌이 책을 안 읽고
골프나 치고 사우나를 즐기더니
국민들도 책을 안 읽고 놀러다니기만 좋아하더니
스포츠 신문만 읽고 만화만 보더니
마침내 나라가 망하고 말았다

바늘구멍

선조비께옵서는
횟배앓이로 며칠째 굶은 나에게
머리에 꽂았던 바늘을 뽑아주시며
탱탱하게 풀먹인 문창호지에
구멍을 뚫어보라고 하셨다
퐁퐁 몇 개의 구멍을 뚫고 나자
이번에는 손가락으로 구멍을 뚫어보라고 하셨다
손가락이 아리게 겨우 구멍을 뚫고 나자
선조비께옵서 나직이 말씀하셨다
"얘야, 바늘 구멍으로는 안 되지만
손가락 구멍으로는 하늘의 별을 볼 수 있단다."

감

옛적 감을 오상이라 일렀으니
치아 없는 노인이 먹기 좋아 효요
감잎에 글씨를 쓸 수 있으니 문이요
나무를 깎아 화살을 만드니 무이다
문무를 겸하여 임금의 근심을 덜어주니 충이요
곶감은 맛이 변하지 않으니 절이다

옛적에 감이 빨갛게 익으면 의사 얼굴이 노래진다나
술 깨는 데 홍시가 일품이요
감꼭지에 감초를 다려 먹으면 딸꾹질이 멎고
고혈압과 불면증에 효과 있고
초여름 감잎에는 많은 카로틴이 들어 있다
뿐만 아니라 변비도 조절할 수 있다고 한다

감의 쓰임새가 어찌 그뿐인가
고려인은 홍시를 잔칫상에 올리고
백시에 끼는 하얀 서시는 천연 감미료고
제삿상에는 배 밤 대추와 함께 4두품이다
한밤중 어린것들 군것질로 곶감이 최고요
무늬 고운 감나무는 가구 장식에 쓰인다

옛적 중국의 정건은
가세 빈곤하여 종이를 살 수 없었다
이웃 지은사 스님에게 부탁하여
감잎에 글씨를 써 글을 익혔다
이 소문이 왕의 귀에 들어가
정건은 높은 벼슬길에 올랐다 한다

제주도 사람은 감물 들인 갈옷을 입는데
때가 타지 않고 통풍이 잘되며
비를 맞아도 물이 새지 않는다
가시나 넝쿨에 긁히지 않아
센 바람에 안전하게 몸을 싸안아 주니
농투산이 일옷으로 일품이다

보리 패는 오뉴월에 꽃나비는 펄펄 날고
배가 고파 배가 고파 어린 누이는
감꽃 주워 먹고 죽어 까치가 되었다
전지로 가지째 감을 따던 오라비는
배고파 죽은 우리 누이 불쌍하다 불쌍하다
까치밥 남겨놓고 집으로 간다 빨간 별처럼

땅심

어링이골 할아버지댁
바가지 샘 옆에는
몇십 년 묵은 감나무
한 그루 서 있다

되내기가 하얗게 내리고
서릿발 지심을 뚫고 올라올 때
바삭바삭 감나무 잎을 밟으며
바지랑대로 딴 홍시를
짚을 깐 둥우리에 차곡차곡 담아
튼튼한 감나무 가지에 매달아 두었다

겨우내 밤마다
감나무를 오르내리며
언 감을 녹이는 달콤한 맛에
강물이 쩡쩡 얼어 터지고
눈보라를 뚫고 내달리는
들개 울음소리도 두렵지 않았다

내가 부모님을 따라 서울로 온 뒤로

입동 눈발이 날릴 때
할아버지께서는 대바구니 가득
홍시를 담아 오셨다 손자를 위하여
대바구니 속에는 언제나
고향의 그리움도 담겨 있었다

올해는 빈 손인 할아버지께 몇 번 망설이다 여쭈어
보았다
"할아버지 올해는 감을 못 땄나요?"
"응 매년 따는 것이 아니고 몇 년에 한 번쯤 쉬어
야 해.
농약을 뿌리고 비료를 주어 땅심이 약해졌단다."
"달린 감을 따지 않으면 아깝지 않으세요?"
"눈앞에 이익을 버리면 큰 덕이 돌아온단다."

그날 밤 나는 꿈을 꾸었다
바가지 샘에 총총한 별들이 떨어져
어링이골 감나무 가지에 소복소복
흰 눈으로 변해 쌓이는 꿈을

입에 든 붕어가시

정축년 섣달 그믐날
내 친구 장윤동과 함께
초평 저수지에 가서
팔뚝만큼한 붕어찜을 먹었다

쫄깃한 살점과 고소한 붕어알은
무청과 어울려 제맛이지만
혀끝으로 날카로운 가시를 골라내야
낭패를 면할 수 있다

어쩌다 붕어가시가 목구멍에 걸려
바작바작 씹어 삼키지도 못하고
팍 뱉아버릴 수도 없어
눈물 콧물을 질질 흘린다

술에 찌든 간에는 붕어찜이 최고라고
고소한 살맛에 소주를 즐기다가
낭패를 당한 것이 어찌 내 친구뿐이랴
명태 황태가 모두 붕어가시를 물고 있다

참깨

참깨는
막힌 데를 뚫어주고
닫힌 곳은 열어준다

참깨는 무서운 풍을 예방하고
흰머리를 검게 하며
근심을 덜어 잠을 자게 한다

진통하는 산모방에 가득
참깨 조배기를 넣어주는 것은
참깨 터지듯 순산하라는 뜻이다

만성피로에 좋아 환자식으로 쓰이는데
참깨를 섞어 현미밥을 지어 먹으면
위점막을 보호하여 각종 위장병에 효과가 있다

쇠붙이에 데인 데 참기름을 바르고
구토에 복용하면 기관지를 보호하고
산나물에 섞어 먹으면 제독작용을 한다

관 속에 가득 참깨를 넣어주는 것은
망자가 환생할 때까지
저승 식량으로 삼기 위해서이다

참깨는
막힌 데를 뚫어주고
닫힌 곳은 열어준다

문수보살

생비량 사람들은 손가락질했다
산어덕 초막에 사는 늙은 문디와 거렁뱅이를

생비량 사람들은 손가락질했다
밤마다 이들과 자고 가는 아리따운 처녀를
상처를 싸매주고 더러운 옷을 빨아주고
생솔가지 피워 조반을 지어주는 처녀를

꽃새벽 한 노인이 보았다
산어덕 초막을 내려오는 아리따운 부처님 모습을

제주도 개구리

물을 길어 담은 독에다
제주도 사람들은 누구나
개구리 한 마리를 기른다 한다
언제나 물을 휘저어
썩는 것을 막기 위해서이다

냇물에 구르는 돌에는
이끼 낄 사이가 없고
돌아가는 물레방아는
얼 사이가 없다

기차가 달리는 철길은
녹이 슬 사이가 없고
부는 바람은
잠들 사이가 없다

쉬임없이 독서하는 사람은
망상을 가질 사이가 없고
정진 수행하는 스님은
음욕을 품을 틈이 없다

우리도 마음속에
제주도 사람들처럼
개구리 한 마리 길러볼 일이다
조석으로 틈틈이
청청한 개구리 울음 듣기 위하여

토담

안지목골 사람들은
토담을 쌓는다
높지도 낮지도 않게

새로 파온 황토를 잘게 부수고
작두로 짚을 숭숭 썰어 넣어
물을 부어가며 반죽을 한다

개울에서 주워온 돌을 한 벌 놓고
반죽한 황토를 한 벌 바르고
그렇게 석자 가웃을 쌓는다

생솔 타는 연기는 토담을 넘지만
시누이와 올케가 다투는 소리는
절대로 토담을 넘지 못한다

토담은
긴 장죽을 문 할아버지 앞에서
손주가 동몽선습 읽는 소리도 넘겨 보낸다

안지목골 사람들은
토담을 쌓는다
높지도 낮지도 않게

가는다리 담배밭

엽연초 생산기사 내 조카 신명진은
청원군 가는다리 엽연초 생산 조합원들이
땅깔린잎을 왜 따지 않는지를 안다

검푸른 담뱃잎이 무성하게 자랄 때나
새들새들 이파리가 가뭄을 탈 때도
땅깔린잎은 수분과 영양분을 공급한다는 것을

아 천지에 백설이 휘날릴 때
땅깔린잎은 한 줌 거름으로 돌아가
풍년을 꿈꾸고 있다는 것을 누가 알까

아이꼬 상

통일교의 축복을 받아
국제결혼을 한 박상두는
미원 읍내에서 도장포와 금은방을 경영한다
지용주 회장이 침을 노러 간다 하기에
나는 무심코 따라나섰다

일본인 처 아이꼬 상이 침을 맞는 동안
소아마비에 걸려 몸이 불편한 박상두는
기쁨과 사랑으로 넘친 얼굴로 목발도 없이
수건을 찾아오고 알코올을 찾아오고 약솜을 찾아
오고
어색한 몸짓이 즐겁기만 하다

아 그랬구나
진정한 선린이란 진정한 사과란
저렇게 마음으로 몸으로 하는 것이다
사랑스럽고 예쁜 아이꼬 상의 얼굴을 보며
일본인에 대한 증오심이 스러진다 봄눈 녹듯

참치

깊은 바다 속에서
참치는 평상시에는
시속 100km로 씽씽 달리고
잠을 잘 때도
언제나 지느러미를 놀려
부력으로 균형을 유지하며
온 비늘을 놀려서
숨을 쉰다고 한다
참치 참 빡시다

4
아버지가 막내딸에게
보내는 편지

황고집

황고집의 이름은 황순승이니
본관은 외성이요 평양 인현리 사람이다
초시에 진사로 급제하였으나
출사하지 않았다
성품이 곧아 옳지 않다고 생각하면 행하지 않았고
남들이 황고집이라 부르는 것을 싫어하지 않았다
마을 방천에 다리를 놓는데
흰 회를 파다 펴므로 출처를 물으니
산간 틈서리에서 파왔다 한다
이는 필시 남의 무덤 광중 흙이니 그럴 수 없다 하니
마을 사람들은 오히려 회면 더 좋다고
황고집의 말을 듣지 않았다
마을 사람들과 다투기 싫어 참았으나
남의 송장을 밟고 다리를 건널 수 없다 하여
한겨울에도 버선을 벗고 개울물로 건너다녔다
어느 날 밤 도적떼가 다리를 지키다가
반반한 옷을 입고 오는 사람이 있어 옷을 훔치려
하는데
사내가 버선을 벗고 냇물을 건너거늘
"황고집 어른이시다."

고 말하며 피하여 산간으로 들어갔다
벗들과 서울 출행을 갔다가 벗의 부음을 들으니
서울 온 김에 조문을 하자 하였으나 도리가 아니라
하여
황고집은 듣지 않고 평양까지 550리를 되돌아가
다시 서울로 올라와 벗을 조문하였다
제물을 흥정하여 값을 깎지 않았다
황고집이 며느리를 얻어 아침문안을 받는데
소세하고 의관을 정제하고 기다렸으나 소식 없어
계집종을 보내 사정을 살펴보라 하니
"아씨께서는 단장하고 그림같이 앉아 기다리십니다."
"그러면 왜 문안을 오지 않느냐?"
"네 어른께서 언제 사당에 문안하고 나오시는지
아뢰라 합니다."
황고집은 얼굴이 벌개졌다
서둘러 사당을 다녀오니
며느리가 그림같이 절을 올린다
황고집은 두 손으로 방바닥을 짚으며
"아가야, 네 범절이 아름답구나.
시아비의 모자람이 있으면 한시라도 지체 말고 일

깨우라."
　황고집은 매우 기뻐하였다

요즘은 시류를 따라 변화하는 사람은 많아도
시류에도 아랑곳하지 않고
철저한 자기 원칙을 지키는
황고집 같은 어른을 보기 힘들다
세상에 본받을 어른이 적다고
세상에 본받을 지도자가 없다고
빨랫줄을 떠받치는 바지랑대 같은 분이 없다고
가슴을 치며 한탄하지 말라
네가 바로 네 스승이다
네 중심에 네 무게를 싣지 않으면
아름다운 원칙을 세우지 않으면
세파에 밀려 전복되고 만다
너는 이를 경계하라

납향

섣달을 납월이라 하고
동지로부터 사흘 뒤를
납향이라 한다
이날 상서로운 눈이 내리면
약눈이라 하여 정성스레
독에 가득 채워둔다

이 눈 녹은 물에
김장을 담그면 맛이 변하지 않고
옷이나 책을 적시면 좀슬지 않아
씨앗을 담그면 벌레 먹지 않느니
눈을 씻으면 안질이 없어져
눈이 밝아지는 까닭이다

하늘에서 내리는 눈을 녹여
먹을 수 있었던 날이 그립구나
눈도 희고 세상도 희고
눈도 희고 하늘도 희고
눈도 희고 마음도 희면
얼마나 세상이 아름다울까

호랑이

버스가 첩첩산중 질마재를 넘어가는데
집채만한 호랑이가 버스를 덮쳤어
먹이를 내보내라는 거야
서로 나는 살아야 한다고 다투었지
백발의 한 노인이 일어나
"나는 살 만큼 살았으니 여한이 없소. 내 손자를
부탁하오."
노인이 버스를 내리자 손자도 울며 따라 내렸다
"할아버지 혼자서 돌아가시게 할 수 없어요."
버스는 브레이크가 파열되어
낭떠러지로 굴러 떨어졌다
내 목숨 바쳐 남의 목숨 살리려는 마음과
할아버지와 죽음을 나누려는 손자의 효심이
결국 두 목숨을 건졌어

금줄

요즘 아이들 가슴에는
신성한
금줄이 없다
모두가 '하면 된다'이고
못할 것이 없다고 날뛴다

알량한 도시에서 불과
몇 발짝
뒤로 물러서면
고향 산천 탯줄처럼 질긴
금줄이 있음을 알지 못한다

아들을 낳으면 왼사내끼에
백지 숯 고추를 끼워서
딸을 낳으면 왼사내끼에
백지 숯 솔가지를 끼워
신성한 땅임을 알렸다는 것을
왜 모를까
금줄의 정결과 정절을 벽사를
금줄이 액살을 정화하는 신성임을

3·7일 간 산모와 아기를 보호한다는 것을
요즘 아이들은 왜 모를까

스무하루 동안
상주 살상자 송장을 본 사람을 금한 뒤
불에 태워진다는 것을
물에 띄워 보낸다는 것을
왜 모를까 요즘 아이들은

하기야
하면 된다고 못할 것이 없다고
위도 모르고 아래도 모르고
정치 깡패들이 교육 깡패들이
얼마나 날뛰었던가

모든 것을 '하면 된다'가 아니라
해서는 안 될 것이 있고
넘어서는 안 될 선이 있고
범해서는 안 될 법이 있단다
돈으로도 해결할 수 없는 것이 있단다

개구리밥

물이 흐르면 흐르는 물을 따라 흐르고
바람이 불면 바람 따라 흐르고
논바닥 도구 웅덩이 듬벙을 가리지 않고
뿌리박지 않고 떠서 자란다

개구리밥은 중뿔나게 혼자 잘난 척
외롭게 혼자 떠돌다가는
세찬 물길이나 바람에 쓸려
물꼬를 타넘어 도구에 처박혀
으깨지고 터져 박살이 난다

개구리밥은 언제나 형제와 이웃끼리
어깨를 걸고 볼을 부비며
허리를 감고 다리를 걸며
서로 얼크러져 설크러져
논바닥 도구 웅덩이 듬벙을 뒤덮고 산다

겨울이 오면 겨울눈만 조용히 바닥으로 떨어져
겨울을 나고 봄이면 다시 떠올라
새싹을 틔운다

개구리밥으로

별점

사람들은 세상이 어지러워
앞이 보이지 않을 때
하늘을 보며 별점을 친단다
음력 2월 초엿새 날에 사람들은
좀생이별을 보고 길흉과
풍년과 흉년을 점친단다
좀생이는 원래 묘성으로
왕자의 기상이 있었다고 믿었는데
맨눈으로 보면 모두 여섯 개가 보이고
망원경으로 보면 250여 개의
조무래기 별이 군집해 있단다
좀생이가 달과 나란히 앞서가면 길조이고
달과 떨어져 뒤따르면 흉년이 든다고
농투산이들은 별점을 쳤단다
경기도 산골 마을 사람들의 점괘는 다르다
달은 밥을 이고 가는 어머니이고
좀생이는 아이들이라는 것이다
밥이 부족하면 아이들이 앞서가니 흉년이고
먹을 것이 족하면 아이들이 뒤를 따라오니
풍년이란다 풍년

저 하늘에 무심코 떠 있는 별들이
문득 사람들 머리 위로 떨어져
우리의 운명을 결정짓는다는 것이
원통하기도 하고 신기하기도 하지 않느냐
막내딸아

금실대부

애비가 자라난 고향 마을에서
가장 존경받는 어른 가운데 한 분
팔척 장신에 흰 콧수염의 금실대부는
마을에서 유일한 대문집에 사셨다
허리에 칼을 찼다면 장수가 되었을 어른
평생 말 한 마디 없이 묵묵히
거름을 져날라 곡식을 가꾸고
당신의 사랑방에 모여든 마을 소년들을
산신령처럼 먼 발치에서 건너다볼 뿐
한 마디 가르침이 없었지만
우리는 금실대부를 무서워했다
어른이 고향을 떠날 때 만사 가운데
'장부는 떠나도 한은 남는다'는
신진식 선생의 글귀가 있었다 한다

어려서 애비는 병약한 몸이라
네 선조고가 감옥을 사는 동안
심한 중병으로 앓아누웠다
그때 금실대부는 쌀 닷 말 값을
어린것 병을 고쳐주라고

네 선조비에게 주었다는 말씀을
대부의 엄명에 따라 밝히지 못하다가
어른이 임종한 뒤에 알려주었다
불기 없는 제청에는 찬 바람만 이는데
지전을 놓고 영전에 술을 올리며
삼가 목놓아 통곡한다
생전에 따뜻한 약주 한 잔을 올리지 못하였구나
손은 뜨거우나 가진 것이 적어
끼친 바 없으니 부끄럽구나

구렁이 할머니

애비 옛 고향집 아래 바른쪽으로
구렁이 할머니댁이 있었단다
지금은 윤씨네가 개축을 하여 살고 있다
뒤란에 대접감이 열리는 감나무 한 그루와
뒤란 동쪽으로 대추나무가 서 있었다
앞마당 토담 아래 배나무 세 그루
서쪽 헛간채 옆에 가물가물 가죽나무 두 그루
나무 옆에 장독대와 샘이 있었다
할머니의 큰아들 이름은 건태였는데
어려서 그네를 타다 떨어져
반신불수가 되었는데 화가 나면
'아다다' 소리를 내며 돌을 던져
어린 우리들은 아다다라 불렀다
그 밑으로 태식 태봉 명화 등 세 딸이 있었다
어느 해 봄날 가죽나무 새싹을 따준다 하였더니
할머니는 '어린것이 나무에 올라가다 큰일난다'고
막무가내로 말려 가죽나무에 올라가 보지 못했다
사실 솔직히 말해서 그때 애비는
마을 부근의 큰 나무는 모조리 올라가 보았고
마을의 모든 듬벙이나 소에는 거꾸로 뛰어들곤 했었지

애비 머리는 늘 터져 있었고
뱃가죽이 터져 딱지가 앉아 있었단다
까마득한 미루나무 끄트머리에서 오디를 따고
느티나무 가지 끝에서 까치 새끼를 내려다
불에 구워 먹는 재미를 너는 모를 것이다
애비의 재당숙에게
까치 똥보를 통째로 삼키게 했다가
까무러치는 사고를 친 때가 그때였지
산새 새끼를 모조리 내려다가
둥우리에 기르다가 모두 실패했단다
애비가 고등학교 졸업하고 은행시험을 보았는데
대학 갈 욕심으로 일부러 떨어져
네 큰아버지와 심하게 다투었다
머리가 터지고 눈이 충혈되어
독이 나서 입시 준비를 하고 있는데
구런이 할머니가 찾아와 격려를 하며
머리 아플 때 먹는 약 뇌신을 주고
엽초를 신문지에 말아주며
머리가 아플 때는 담배가 제일이라 하셨다
네 선조비가 학비를 구하지 못해 쩔쩔맬 때

할머니는 언제나 급전을 취해 주셨단다
반편 며느리를 얻어
손자 손녀 남매를 보고 세상을 뜰 때
애비는 할머니의 임종을 보지 못했다
할머니 장례에 다녀온 네 선조비 전언에 따르면
애비가 사보낸 담배와 요구르트가
다락에 썩은 채 그대로 있었다고 한다
고마운 정을 차마 마셔버릴 수 없어서
꺼내 보고는 다시 넣어두셨던 거야
친손자처럼 아끼던 집안 손자가
학자가 되었다고 그렇게 좋아하셨단다
옛 고향집 뒷동산 상수리밭에
구런이 할머니 양위 분이 잠들어 계시단다
애비가 세상을 버린 뒤에도
할머니 묘소를 기억하기 바란다

봉천이 할아버지

양지말 구인 재당숙네 집에
설날이나 추석 제사를 모시러 가면
옷갓을 한 봉천이 할아버지
바람벽에 흑백사진으로 붙어 있다

자귀와 끌, 대패와 먹통을 꾸려들고
이 마을 저 마을 집을 지으러
다니던 대목 할아버지
위가 나빠 소다를 많이 드셨다

우렁이를 모조리 잡아버리겠다고
할아버지네 못자리 물꼬를 타놓고
도망친 그날 밤 아우는 신열에 들떠 앓았다
"올강아 달팡아······"

늦가을 비 내리는 정자골 할아버지네 김장밭
팔뚝 같은 무 다섯 뿌리를 뽑아 재를 넘는데
장승이 앞을 가로막았다
봉천이 할아버지 날 살려라 도망을 쳤지만

할아버지 사진은 울지도 웃지도 않는다
지금도 속이 불편하신지
눈살을 약간 찡그리고 시선없이
그냥 먼 곳을 보고 계신다

새들이 우는 내력

조류학자들은 새들이
짝을 찾아 운다고 하지만
가난한 농민들 귀에는 자신들처럼
슬퍼서 운다고 믿었단다

오월 춘궁기에 우는 소쩍새를 두고
경상도 함양 사람들은
'소텅소텅' 운다고 들었는데
자기네 솥이 텅 비었기 때문이라고 한다
또 경상도 산청 사람들은
'독뒤독뒤' 운다고 들었는데
의붓어매가 밥을 주지 않아서
독 뒤에서 굶어죽은 넋소리라고 믿었단다
전라도 남원 사람들은
소쩍새가 '풀꾹풀꾹' 운다고 믿었는데
지어미가 먼저 세상을 떠나
어린것들 입성에 지아비 혼자
어떻게 풀을 먹이느냐고
서러워 서러워 운다고 믿었지

압록강변에 접동새는
'접동접동 아우래비 접동' 운다고
아홉 오래비 서러워 누이가 운다고
그렇게 믿었단다
황해도 사람들은 접동새가
'됫박 바꿔줘'라고 운다는 거야
팔려간 민며느리가 시집살이 끝에
됫박에 맞아 죽어서 그렇게 운다고 한단다
충청도 무지렝이들은 접동새가
'지집 죽구'라고 운다고 믿는단다
계집 죽은 서방이 신세 타령을 하는 셈이지
가난한 살림에 계집마저 죽었으니
홀아비 신세가 어떠했겠느냐

새들은 짝을 찾기 위해서만 우는 것은 아니고
제 설움에 겨워 울고
사람들도 덩달아 따라 운단다

벽골제

오늘 애비는 벽골제 방천뚝에 서서
어슬어슬 석양 바람에 흰 머리결 날리며
회한과 참회의 눈물 흘린다
방천뚝 몇천 년이나 물을 지키며
눈 비 서리 폭풍에도 아랑곳없이
김제 평야의 젖줄이 되어 왔구나
사학자들이 벽골제를 발굴해 보니
방천뚝에 적송말목이 박혀 있더란다
송진이 말목을 썩지 못하도록
2천 년이나 붙잡고 있었구나
보통 철근의 내구력은 사십 년인데
적송의 내구력이 얼마나 대단하냐
적송은 가로는 늘어도 세로로는 변함이 없어
명산 대찰의 기둥으로 썼지
또, 벽골제에서 흘러간 물이
갈라진 논바닥을 적시고 물꼬를 거쳐
봇도랑을 타고 객수로 흘러갈 때쯤
또 하나 연못을 파 객수를 가두고
객수로 전답을 적셨단다
지혜로운 사람은 고초를 겪을 때

내일을 준비하며 유렴하는 사람이란다
지금 애비는 벽골제 방천뚝에서
가래장치질을 하며 불러대는
오늘도 펄펄 되살아나는
길가락을 듣고 있구나

역사

만리변성에 일장검 짚고 서서
나뭇가지에 이는 삭풍을 보고
눈도 희고 달도 희고 마음도 희고
조선 호랑이 김종서 장군은
고려사절요 편찬의 대명을 받고
자세를 바로잡고 마음을 곧추세웠다
상 위에 책과 대검을 나란히 놓고
한 자 한 자 역사를 적어 내려갔다
이상히 여긴 정인지가 물었다
"대감, 누가 대감의 목숨을 노리는 이가 있습니까?"
"제 모습이 그렇게 이상해 보이십니까?
저는 의지가 약한 사람입니다.
그래서 마음이 잘 흔들리지요.
그런데 제가 역사책을 만드는 중책을 맡았습니다.
이렇게 중요한 일을 하는데
행여 몸가짐이 흐트러지거나
나쁜 마음이 들면 어쩌겠소.
이 칼은 역사를 정직하고 바르게 보고 싶은 제 의
지이고
또 그 역사는 나의 목숨보다 소중한 것이기에

이렇게 칼을 놓고 일하는 것입니다."

역사란 칼날 위에 이는 서릿발 같아
숨김도 굽힘도 휨도 없도다
역사란 대가 쪼개지듯 결이 곧아
삭풍이 강얼음 가르듯한다
역사 앞에 한 점 부끄러움 숨길 수 없어
잠을 잘 때도 옆에
칼을 놓아둔다

한지

너는
한지 같은 사람이 되었으면 좋겠다
닥나무에서 금방 벗겨낸 껍질처럼
부드럽고 질긴 사람
저 조선왕조실록을 품에 안고도
썩거나 상하지 않는 사람
풀을 발라 문에 바르면
탱탱 소리를 내는 결기 있는 사람
강풍은 돌려보내고 미풍만 받아
신선하고 다사로운 사람
센 빛은 돌려보내고 여린 빛만 받아
조용한 빛을 뿜는 사람
무더위에 지쳐 습기가 가득할 때
습기를 빨아들여 주변을 쾌적하게 정화하는 사람
한겨울 눈바람이 몰아칠 때
한 장 문풍지로 징징 울어
가족의 따뜻한 잠자리를 위해
밤새도록 자신을 희생하는 사람
한지 같은 사람이 되었으면 좋겠다
너는

선비 정신이 내는 갈급한 목소리

강희근
(시인·경상대학교 국어국문학과 교수)

동료 신경득 교수가 두번째 시집 『낮은 데를 채우고야 흐르는 물은』을 낸다. 심상치 않은 느낌이 들었다. 신교수가 쓴 원고라면 적당히 읽어서 될 일이 아니라는 평소의 생각이 뒷받침해 주고 있기 때문이었다. 단숨에 내리 읽고는 과연 신교수답구나, 신교수다운 시를 썼구나 하고 기막힌 독서의 희열에 빠져 있게 되었다. '신교수답다'는 말은 그의 평소의 주장과 논문이 하나의 흐름일 뿐만 아니라 첫번째 낸 시집 『소백산맥 아래서』와 이번 시집이 모두 그 흐름 위에 놓여 있다는 것에 다름 아니다. 생활과 학문과 문학이 한 흐름에 놓이는 사람의 문학은 무엇인가? 말할 것도 없이 육성을 획득한 문학이 아니겠는가. 그리움과 애환, 의식과 주장이 삶의 복판을 거쳐서 형상화된 문학일 때 육성을 획득했다 할 수 있을 것이다.

신교수는 상당한 기간 동안 민족문학 이론의 정립에 신명을 바쳐왔다. 한 나라의 문학은 그 나라의 민족 성정에 맞아야 하고 그 나라 문학 원리로 설명되고 비판되어야 한다는 주장 아래 '깨도문학', '푸리문학', '추임문학'이라는 말로 설명되는 민족문학 실천이론을 펼쳐왔다. 그러는 사이 틈틈이 써두었던 시를 묶어 제1시집 『소백산맥 아래서』(1992, 살림터)를 펴내어 사람들을 놀라게 했었다. 소설가로 시작한 문단권의 신교수가 평론가를 겸하였던 것으로 알고 있던 터에 느닷없이 시집을 한 권 묶었으니 그럴 수밖에.

노을이야 노을이야
꼭두서니로 타는 산노을이야
새 우는 저녁에 흐르는 물은
개꽃에 스러지는 아침이슬이어라
퉁소는 울어도 소리가 아닌 것을
풀잎은 울어도 바람이 아닌 것을
가는 길 지피는 군불인 것을
노을이야 노을이야
꼭두서니로 타는 산노을이야
　　　　　－「산노을」 전문

이렇게 결고운 서정을 신교수는 유감없이 뽑아내고 있었다. 민족의 산야와 삶이 부드럽고 고운 서정에 안

겨 서럽더라도 서럽지만은 않은 한(恨)을 지피고 있었다. 첫 시집에서 신교수는 '한', '저항', '역사'로 이어지는 선굵은 목소리를 드러내 보여주었다. 단재를 찾고 백범을 부르고 매천을 우러러 민족을 위한 절의(節義)를 가다듬으면서도 서정의 올은 여리디여리었다. "솔모루 갈밭머리 찔레꽃 핀다 / 겨울 난리 때 시나브로 날리던 눈송이 / 어린 목숨 앗아간 갈밭 눈굴형"(시「찔레꽃」에서) 같은 대목은 처연하도록 고왔다.

이번 시집 『낮은 데를 채우고야 흐르는 물은』은 신교수 자신이 담설시집으로 밝힌 것같이 시편 대부분에서 이야기를 담고 있는데, 스스로 '담'에다 '설'을 붙여 기왕의 '담시'보다는 가르침이나 주장에다 힘을 더 준 것으로 읽힌다. 목소리는 더욱 당당하고 거세어졌다. 우리 시사상 육사나 청마의 것보다 더 갈급한 육성으로 들린다.

가고 싶구나
천마를 타고
안개 흐르는 고구려 옛 땅
광개토대제 영정에 호곡하고 싶구나
지나간 왕국을 찾아서
　　　　　　　　　－「천마」끝 부분

북이여

　　쇠북이여

　　울어라 붉은 살점

　　파르르 떨며 울어라

　　울어새는 중음신을 위하여

　　산야를 헤매는 두억시니를 위하여

　　　　　　　　－「쇠북」 첫 부분

　보리 베는 할머니 허리를 조선 낫에다 비유함으로써
할머니의 노동이 단순한 데 머물지 않고 겨레 공동체
의 현실로까지 내포의 확장을 보인다. 가령 「보은 논배
미」 같은 시에서

　　보은 사람들은 취할 것은 취하고

　　버릴 것은 버리면서

　　모자라지도 처지지도 않게 산다

라 했을 때 보은 사람들의 삶의 지혜를 말하고 있는데
시의 내포는 우리 겨레의 삶이나 성정, 내지는 위기를
뛰어넘는 지혜로까지 가닿고 있다.
　이와 같은 신교수의 큰 세계는 그의 선비 정신이 자
아내는 것으로 읽힌다. 이를테면 벽초나 백범, 단재나
심산 같은 우리 현대사의 인물들에 경도되어 있는 일
이나 민족의 정기를 바로잡는 데 걸림돌이 되는 것에
대한 질타라든가 대쪽 같은 삶을 오늘 이 시대에서 보

여주는 이들에 대한 관심, 그리고 현실 정치에 대한 바로잡기로서의 서릿발 비판을 보이는 것 등이 그의 갖추어진 정신의 소산으로 인정되기 때문이다.

특히 신교수의 시편들에서는 이 시대에 절의나 대의가 무엇인지를 더듬어보게 하고 그것이 결코 글자의 관념으로 묻혀 있어야 될 일이 아님을 담설로 발언하고 있다. 겨레의 핏줄로 이 땅에 태어나 햇볕을 받아 사는 이라면 때로는 무릎치기로 반응하고 때로는 눈깜짝이로 가늠하고 때로는 두 주먹을 불끈 쥐면서 벌떡 일어서게 되는 일들을 놓치지 않고 글감으로 삼았다.

고답적인 시론이나 서정의 올만 따라가다 보면 신교수의 시에는 갑작스런 논두렁이 눈썹에 부딪치고 가파른 능선이 이마를 가로지르게 되기도 한다. 그렇다 하더라도 담설이 내는 된장맛이 있고 담설이 주는 시원한 시래기국맛이 있음을 놓쳐 보아서는 안 된다. 햄이나 소시지 등 '패스트푸드'가 주는 맛과는 그 유가 다른 것을······.

다만 필자로서는 이 글의 끝에다 신교수의 시「삼락」의 끝련을 적어 음미 한 번 더하고자 한다.

　　나는 그냥 사람인가 보다
　　물 흐르는 소리 언제 들어도 좋고
　　솔바람 소리 무진장 들어도 좋은 걸 보면

신교수 앞에 물 흐르는 소리가 제 소리로 놓이고 솔
바람 소리가 제 목청으로 들리게 되는 그런 날이 왔으
면 좋겠다. 이러한 우리 염원이 이루어져서 신교수가
다시는 담설시를 쓰지 않고 땡깔 같은 수줍은 서정의
목소리만 골라내는 날이 왔으면 참 좋겠다. 시인 신교
수의 문운을 빌면서……

중생과 더불어 사는 기쁨

벌써 몇 해 전이었던가. 추풍령에서 눈을 보고 돌아오는 길이었는데 고속도로가 막혀 국도를 따라 보은까지 왔었다. 점심때가 늦어 길가 식당으로 들어갔다.

점심식사를 하는데 등뒤에서 보은 농민들이 소주를 마시며 이야기를 주고받았다. 보은 논두렁은 낮다는 것이었다. 홍수가 나면 물을 받아들여 터진 뚝이 벼를 휘덮는 법이 없고 물이 빠질 때는 거름을 취하여 풍년을 이룬다는 것이다.

집으로 돌아오면서 안사람에게 그 이야기를 들었느냐고 물었더니 전혀 듣지 못했다고 한다. 그런데 왜 나만 그 이야기를 들었을까? 참으로 이상한 일이었다.

그 무렵 나는 『한민족문학사상론』을 거의 탈고를 하고 있었다. 학교 뒷산에 산책을 나갔다가 유심히 풀밭을 보게 되었다. 풀밭에는 엄숙한 생명의 질서가 있었다. 곧게 자라는 풀이 있고 곧은 풀을 감고 올라오는 풀이 있고 바닥을 기는 풀이 있었다. 그것이 얼크러설

크러져 사는 풀의 질서이고 생명의 순리였다. 멀리서 풀밭을 보면 꽃만 보인다.

어느 해 겨울 산을 내려오다 뒤돌아보니 초목들이 죽창이 되어 하늘을 찌르며 아우성을 치는 것 같았다. 나는 몸을 떨었다. 저것이 분노한 민중이다.

민중과 중생에 관한 화두는 한동안 나를 괴롭혔다. 그래서 「두부」「보은 논배미」「보리새」 등 몇 편의 시를 써서 처박아 두고 한동안 잊고 살았다. 천품이 게으르고 남북분단문학에 관한 연구주제 때문에 자료를 찾고 정리한다는 그럴싸한 핑계도 있었다.

정축년 12월 3일 나라가 부도났다는 소식을 듣고 무인년 청주집에 머물러 겨울을 보내기로 하였는데 불면증 때문에 잠을 이룰 수 없었다. 머리가 아프고 속이 쓰리고 더러운 눈이 더욱 침침한데 눈까지 자주 내려 바깥 출입이 어려웠다.

분노를 다스리며 몇 해 동안 거두어 모아두었던 수천 장의 학생들이 제출한 리포트를 읽어보았다. 대개는 너무 흔한 이야기였지만 쓸 만한 이야기도 있었다. 버리기 아까운 몇 편의 민담, 설화, 일화에 알레고리와 풍자를 덧붙였다. 리듬을 살릴 때는 살리고 죽일 때는 산문 형식을 취하고 때로는 역사 서술 방법인 춘추필법을 원용하고 고급 유머를 섞어가며 한 달 남짓 글을 썼다. 글이 막힐 때는 허창두 목사가 총명한 재치를 보태주었다.

그러고 보니 80여 편의 기상천외한 괴물이 탄생했다. 시인 것도 같고 아닌 것도 같고, 서사시 같기도 하고 소설도 같고 수필인 것도 같고 아닌 것도 같다. 가장 민족적인 형식인 것도 같고 포스트 모더니즘의 패러디인 것도 같다.

그래서 몇몇 사람들에게 읽어보기를 권했더니 어떤 사람은 배꼽을 잡고 데굴데굴 굴러가며 웃어대는가 하면 어떤 사람은 입을 ㅅ자로 굳게 다물고 비분강개해지는가 하면 어떤 사람은 한없이 슬퍼진다고 한다. 모든 사람이 나에게 권하기를 쑤셔박아 두지 말고 세상에 내보내 요즘 같은 난세에 세상 사람들의 한가한 소일거리를 주면 어떻겠느냐고 한다.

한동안 망설이다 이번 글을 무례하게도 '담설시'라 이름 붙였다. 담(譚)이란 시의 텍스트가 되는 이야기, 즉 담론을 위한 이야기이다. 설(說)이란 가르침을 찾는 일[敎], 또는 마름질하는 일[評], 또는 빛을 보태는 일[讚]이다. 물론 담설만을 갖추었다고 시가 되지는 않는다. 문학적 승화 또는 시적 감성을 보태야 하리라. 그럼에도 이러한 미덕을 반드시 준수하지는 않았다. 담과 설 자체가 미학인 까닭도 있지만 현실성을 감소시킬지도 모른다는 기우 때문이었다.

함께 방안에서 겨울을 난 동백이 몇 번이고 꽃을 피웠다가는 이운다. 갱지에 매직으로 개발새발 갈겨 써서 판독 불능인 초고를 큰딸 지상이가 깔끔히 정리하여 모처럼 효도를 하였다.

무인 정월 보름 지은이 삼가 씀

낮은 데를 채우고야 흐르는 물은

처음 찍은날 · 1998년 9월 16일
처음 펴낸날 · 1998년 9월 21일
지은이 · 신경득
펴낸이 · 송영현
펴낸곳 · 살림터
주소 · 121-231 서울시 마포구 망원1동 384-20
전화 · 3141-6553 (대표)
전송 · 3141-6555
등록번호 · 제2-1008호 (1990년 5월 15일)

인쇄 · 신화인쇄공사 (나병문)
제본 · 성용제책사 (조주환)

값 5,000원

ⓒ 신경득, 1998

▶ 잘못된 책은 바꾸어 드립니다.
▶ ISBN 89-85321-50-1 (03810)